KB071584

비교유아교육론

성미영 · 최수연 · 석희숙 · 최연지
김혜주 · 노미나 · 이서경 · 이한나 공저

Comparative Studies in
Early Childhood Education

학지사

머리말

『비교유아교육론』은 동덕여대 일반대학원 아동학전공에서 2017년 2학기에 개설된 교과목 명칭이다. 이 교과목을 처음으로 맡아 수업을 준비하면서 수업에 사용할 교재를 검색했으나, 세계 여러 국가의 유아교육 · 보육 현황을 포함하고 있는 적절한 교재를 찾기가 어려웠다. 이러한 이유로 인해 육아정책연구소에서 발간된『세계의 육아정책 동향 시리즈』『해외육아정책동향』을 교재처럼 활용하면서 강의를 진행할 수밖에 없었다.

이런 방식으로 한 학기 수업을 진행하다 보니 다음 번 강의에서는 제대로 된 하나의 교재가 필요하겠다는 생각이 들었고, 학기가 마무리되는 시점에 수업을 함께한 대학원생들에게 이번 강의에서 본인들이 발표한 각국의 유아교육 · 보육 현황 내용을 책으로 엮어 보자고 제안하였다.

강의시간에 다루지 않았던 1장 한국(성미영)을 시작으로, 2장 일본(최연지), 3장 미국(최수연), 4장 영국(석희숙), 5장 프랑스(김혜주), 6장 독일(이서경 · 이한나), 7장 스웨덴(노미나)까지 각자 본인이 발표했던 국가를 맡아 원고를 집필하기 시작하였다. 그 당시에는 모두 흔쾌히 그러자고 했으나, 일 년이 넘는 기간 동안 원고를 쓰고 수정하는 작업이 지속되자 다들 지친 기색이 역력하였다. 가능한 한 최신 자료를 찾아 기존 연구 자료의 오래된 내용을 보완하고자 노력하였으나, 세계 여러 국가의 유아교육·보육정책이나 현황이 시시각각 변하고 있고, 영어 이외의 외국어로 된 자료를 찾아 이해하기에는 언어적 제약이 너무 커서 모든 저자가 힘겹게 원고를 마무리하였다.

그동안의 원고 집필 과정을 머리말에서 장황하게 늘어놓은 이유는 저자들이 최선의 노력을 다했음에도 아직 부족한 점이 많다는 사실을 잘 알고 있기 때문이다. 초판 이후에 지속적으로 관련 내용을 보완하여 앞으로 개정판에서는 더 충실한 내용으로 찾아뵐 것을 약속드린다.

일 년이 넘는 기간 동안 끊임없이 원고를 수정하느라 고생한 공동 저자들과, 원고의 교정 작업을 진행하면서 한마디 불평 없이 적극적으로 지원해 주신 학지사 김진환 사장님, 박나리 선생님께 깊은 감사 인사를 드리며 머리말을 마무리하고자 한다.

2019년 6월
동덕여대 월곡 캠퍼스에서

차례

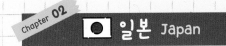
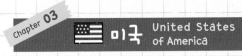

Chapter 04 영국 United Kingdom

스웨덴 Sweden

Chapter 01

한국 Republic of Korea

Prologue

우리나라의 공식 명칭은 대한민국.

대한(大韓)의 '한(韓)'은 '하나' '하늘' '크다'의 의미가 있다. 대한(大韓)은 삼한과 고구려, 백제, 신라 등을 모두 아우르는 뜻으로 '큰 한'을 의미한다. 색동회를 조직하고 '어린이날'을 만드신 소파 방정환 선생님의 동화는 아이들의 꿈과 희망을 키워 주는 편지와도 같았다. '만년 샤쓰'에 등장하는 인정 많고 유쾌한 소년 창남이의 이웃을 배려하고 어머니를 생각하는 따뜻한 마음에 진한 감동이 느껴진다. 21세기 한국은 한류의 물결을 타고 아시아를 비롯한 전 세계의 이목을 집중시켰다. 방탄소년단을 필두로 한 K-POP의 열기부터 드라마와 온라인 게임에 이르기까지 한류는 전 세계에 열풍을 불러일으키며 한국의 위상을 드높이고 있다.

Ⅰ. 개요 및 역사적 맥락

1. 개요

한국은 동아시아의 한반도 중남부에 있는 민주공화국이며, 공식 명칭은 대한민국(Republic of Korea, 大韓民國)이다. 동쪽으로는 동해를 사이에 두고 일본이 있으며, 서쪽으로는 서해를 사이에 두고 중국이, 북쪽으로는 북한과 맞닿아있다. 한국의 전통적인 종교는 불교, 유교이고, 근대 이후 천도교를 비롯하여 기독교와 천주교를 믿는 인구가 증가하였다.

한국인은 인종적으로는 몽골계에 속하며, 국토의 70%가 산악 지역으로 이루어져 있고, 국토의 면적에 비해 강이 많은 편이다.

한국의 수도는 서울특별시이며, 행정구역으로는 특별자치시 1개(세종), 광역시 6개(부산광역시, 대구광역시, 인천광역시, 광주광역시, 대전광역시, 울산광역시)로 구분되고, 8개의 도(경기도, 강원도, 충청북도, 충청남도, 전라북도, 전라남도, 경상북도, 경상남도)와 제주특별자치도로 구분된다.

[그림 1-1] 태극기

[그림 1-2] 대한민국 지도

1) 인구와 언어

한국의 총인구는 1988년 4,197만 5,000명이었으나, 2015년에는 5,101만 4,947명, 2018년에는 5,163만 5,256명으로 지속적으로 증가하였다. 인구의 증가와 더불어 고령화 지수도 계속해서 증가하여 2009년 고령화 지수는 62.9였으며 2013년에는 81.5, 2018년에는 110.5로 증가하였다.

[그림 1-3] 한국의 인구 추이

출처: 통계청(http://kostat.go.kr/portal/korea/index.action).

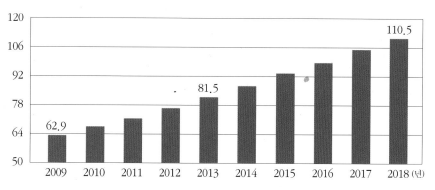

[그림 1-4] 한국의 고령화 지수

출처: 통계청(http://kostat.go.kr/portal/korea/index.action).

　　한민족의 우수성을 확인할 수 있는 가장 중요한 특징은 공통으로 사용하고 있는 한국어와 그 언어를 표현하는 문자, 즉 '한글'이다. 현재 사용되고 있는 전 세계 3,000여 개 언어 중에서 언어 사용 인구의 규모로 볼 때 한국어는 20위 안에 들며, 계통적으로 터키어 · 몽골어 · 퉁구스어를 포함하는 알타이어족(Altai language family)과 친족관계를 가지고 있다(다음백과, 2018).

2) 대두되는 문제점

　　정부는 저출산 · 고령화 대책으로 제1차 저출산 · 고령사회 기본계획인 새로마지 플랜 2010(2006~2010년)을 발표하였다. 모든 세대가 함께하는 지속 발전 가능한 사회를 장기적으로 지향해야 할 목표로 설정하고, 2006~2010년 저출산 대응과 고령사회 대응의 기반을 구축하기 위해 출산 및 양육에 유리한 환경을 조성하여 고령사회 삶의 질을 향상시키기 위한 기반을 구축하였으며, 저출산 · 고령사회 성장동력 확보를 위한 대책을 제안하였다(보건복지부, 2006).

[그림 1-5] 미혼남녀의 평균 자녀계획(2015년)

출처: 보건복지데이터포털(http://data.kihasa.re.kr).

　　이후 우리 정부는 범국가적 저출산·고령사회 대응체계 강화를 위해 제2차 저출산·고령사회 기본계획인 새로마지 플랜 2015(2011~2015년)를 제안했다. 2009년 우리나라 합계 출산율은 1.15명으로 세계 최저 수준이 지속되었고, 고령화 속도는 세계 최고 수준을 보이는 등 급격한 인구변동이 진행되었다. 제2차 계획은 제1차 계획과 달리, 기존 저소득층 위주 지원에서 탈피하여 맞벌이 가구와 베이비붐 세대로 대상을 확대하였고, 정부 주도에서 벗어나 기업과 국민의 참여를 유도하는 다양한 정책을 마련하였다(보건복지부, 2010). 이와 같은 범국가적 저출산·고령사회 대책에도 불구하고, 2017년 한국의 출생아 수는 35만 7,700명으로 2016년 대비 11.9%(4만 8,500명) 감소하였다. 이러한 수치는 1970년 통계 작성 이후 가장 낮은 출생아 수에 해당한다. 특히 10% 이상의 감소율을 보인 것은 IMF 여파로 인해 11.3% 감소한 2002년 이후 처음 있는 일이며, 2016년 대비 2017년의 월별 출생아 수 역시 전년 동월 대비 지속적으로 감소하였다.

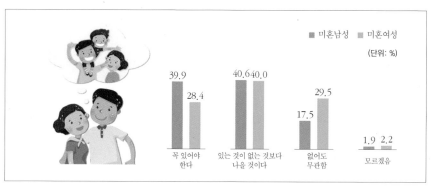

[그림 1-6] 미혼남녀의 자녀 필요성에 대한 태도(2015년)

출처: 보건복지데이터포털(http://data.kihasa.re.kr).

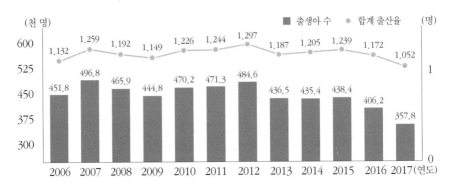

[그림 1-7] 한국의 출생아 수 및 합계 출산율 추이(2006~2017년)

출처: 통계청(www.kostat.go.kr).

2. 역사적 맥락

1) 영유아보육의 역사적 맥락

우리나라의 보육사업은 1921년 태화기독교사회관에서 탁아 프로그램을 진행함으로써 시작되었고, 1991년 「영유아보육법」이 제정되면서 보육제도의 체계적인 기틀이 형성되었다. 보육정책은 여성의 경제활동참여 증가, 맞벌이부부와 핵가족의 증가, 자녀 출산율의 저하 등 가족구조의 변화에 대처하기 위해 지속적으로 변화되어 왔다.

우리나라의 보육사업은 1961년 제정된 「아동복리법」, 1982년 제정된 「유아교육진흥법」, 1987년 제정된 「남녀고용평등법」, 1989년 개정된 「아동복지법」에 근거하여 실시되어 왔다. 1961년 12월 「아동복리법」이 제정·공포됨으로써 탁아사업은 기존의 구빈 사업적 성격에서 벗어나 아동의 복리를 증진시키기 위한 사업으로 변화·발전되었다. 1982년 12월 「유아교육진흥법」을 제정하여 기존의 어린이집, 새마을협동유아원 및 농번기탁아소를 새마을유아원으로

[그림 1-8] 1960년대 탁아소

출처: 우리역사넷 홈페이지
(http://contents.history.go.kr/).

[그림 1-9] 새마을협동유아원

출처: 경기도 멀티미디어 홈페이지
(https://exciting.gg.go.kr/).

흡수 · 통합하여 운영하였고, 1987년 12월 노동부에서 「남녀고용평등법」에 의한 직장탁아제도를 도입하였으며, 1989년 9월 보건복지부에서 「아동복지법」에 의한 보육사업을 실시하였다.

영유아보육사업이 여러 정부부처에서 제각기 독자적으로 관리 · 운영됨에 따라 정부재정이 비효율적으로 투자되었을 뿐만 아니라 영유아에 대한 체계적이고 효율적인 보육을 실시하는 데 있어서도 어려움이 가중되었다. 이에 보육에 관한 독립된 입법의 필요성이 제기되어 1991년 1월 「영유아보육법」을 제정하고, 1991년 8월 「영유아보육법 시행령 및 시행규칙」을 제정하여 보육사업 주관부처를 보건복지부로 일원화하였다. 「영유아보육법」의 제정으로 단순한 탁아사업이 아니라 보호와 교육을 통합한 보육사업으로 확대 · 발전시켰다.

「영유아보육법」은 0세부터 초등학교 취학 전 영유아의 보육에 관한 사항을 규정하는 법으로, 여성의 사회 진출로 인해 약화된 양육 기능이 이 법의 제정 취지이다. 법 제정 이후 10년이 지나면서 보육에 대한 정부의 참여 확대와 보육서비스의 수준 향상에 대한 요구가 높아지자 2004년 「영유아보육법」을 전면개정하였다. 2004년 1월 29일 전면개정된 「영유아보육법」의 시행(2005. 1. 30.)

한국

일본

미국

영국

프랑스

독일

스웨덴

에 따라 보육서비스의 질적 수준 향상과 보육의 공공성 강화를 통해 보육사업이 획기적으로 발전할 수 있는 계기가 마련되었다.

2) 영유아보육정책의 변천

우리나라의 영유아보육정책은 제1차 중장기 보육 기본계획인 '새싹플랜', 제1차 중장기 보육 기본계획을 수정한 '아이사랑플랜', 제2차 중장기 보육 기본계획인 '아이행복플랜'으로 변화되어 왔다.

(1) 새싹플랜(2006~2010년)

2006년 1월 여성가족부에서 발표한 제1차 중장기 보육 기본계획인 새싹플랜은 맞벌이가구의 증가와 핵가족화로 인해 가정의 자녀양육 기능이 약화되어 영아를 둔 여성이 자녀양육과 경제활동을 병행할 수 있도록 지원이 필요함에 따라 수립되었다. 새싹플랜은 2006~2010년까지 5년간 '함께 키우는 건강한 아동'을 비전으로 제시하였고, 저소득층을 대상으로 선별적 보육을 실시하지만 이후 중산층으로 지원을 확대해 보편적 보육으로 전환하고자 시도하였다. 보육의 공공성 강화 및 양질의 서비스 제공을 목표로 다섯 가지 주요 정책 분야에서 20개의 주요 정책과제를 제시하였다(여성가족부, 2006).

> 새싹플랜의 정책 분야는 ① 공보육 기반 조성, ② 부모의 육아 부담 경감, ③ 다양한 보육서비스 제공, ④ 아동 중심의 보육환경 조성, ⑤ 보육서비스 관리 체계 강화이다.

공보육 기반을 조성하기 위해 2010년까지 국공립어린이집을 2배 확충하고 기본보조금 제도를 도입하는 것을 과제로 제시하였다. 부모의 육아 부담을 경

한국

일본

미국

영국

프랑스

독일

스웨덴

감하기 위해 보육비용을 지원하고 평균소득의 130% 이하까지 차등보육료 지원을 확대하는 방안을 제시하였다. 다양한 보육서비스를 제공하기 위해 어린이집 이용 시간을 다양화하고, 장애아 보육 및 농어촌 보육프로그램을 활성화하는 과제를 제안하였다. 아동 중심의 보육환경 조성을 위해 건강·영양·안전관리를 강화하고, 표준보육과정의 개발 및 보급을 과제로 제안하였다. 또한 보육서비스 관리체계를 강화하기 위해 어린이집 평가인증 시스템과 보육행정 시스템을 구축하고, 보육사업 관련 인프라 확충을 제시하였다.

(2) 아이사랑플랜(2009~2012년)

새 정부의 국정 철학과 보육정책 환경 변화를 반영하기 위해 새싹플랜을 수정·보완한 아이사랑플랜이 2009년 시작되었다. 아이사랑플랜은 공보육에서 진일보한 국가 책임보육으로의 발전을 추구하고, 능동적 복지를 구현하기 위해 보육의 국가 책임을 강화하고 수요자 중심 보육정책으로 개편되었으며(김경회 외, 2016). '아이와 부모가 행복한 세상'이라는 비전을 제시하였다(보건복지가족부, 2010). 부모의 비용부담 완화 측면에서는 보육료 지원 기준을 다양화(두 자녀 추가지원 확대, 맞벌이 소득 산정 기준 개선)하여 보육료 전액 지원 대상을 어린이집 이용 아동의 60%까지 확대하고, 양육수당 지원 대상도 확대하고자 추진하였다.

> 아이사랑플랜의 정책 분야는 ① 부모의 비용부담 완화, ② 수요자 맞춤 지원, ③ 어린이집 질 제고 및 균형 배치, ④ 보육 인력 전문성 제고, ⑤ 전달체계 효율화, ⑥ 보육사업지원 체계 구축이다.

수요자 맞춤 지원 측면에서는 「장애인 등에 대한 특수교육법」에 따라 장애아 의무교육 실시를 위한 교사 배치기준을 강화하고, 장애아 통합 어린이집의 특수교사 수당 지원을 확대하였다. 맞벌이 가구의 0세아에 대한 가정 내 양육 지원 제도 도입 및 시간연장형 보육서비스 확대를 제시하였고, 어린이집 질 제고 및 균형 배치 측면에서는 평가인증 2주기 시행에 따라 인증지표의 강화 및 인증결과의 다양한 활용을 통해 평가인증률을 제고하였다. 또한 취약 지역 중심으로 국공립어린이집과 소규모 어린이집 확충 방안을 제시하였다.

보육인력 전문성 제고 측면에서는 보육교사 및 원장 자격 취득 요건 및 보수교육을 강화하고, 보수교육기관 평가 및 운영지원시스템의 구축을 통해 전문성을 제고하였으며, 우수 어린이집에 대한 근무환경 개선 지원비 지원을 제안하였다. 전달체계 효율화 측면에서는 보육통합정보시스템 기능 개선을 통해 보육행정업무 부담 완화 및 부모의 체감도를 제고하고, 보육사업지원 체계 구축 측면에서는 어린이집 지도점검 합리화 방안을 마련해 보육서비스 품질개선을 추진하였다.

(3) 아이행복플랜(2013~2017년)

정부는 제1차 중장기 보육 기본계획에 이어 제2차 중장기 보육 기본계획으로 아이와 부모, 보육교직원이 모두 행복한 참여와 신뢰의 보육생태계 조성을 핵심 정책 가치로 담고 있는 아이행복플랜을 수립하였다(보건복지부, 2013). 아이행복플랜은 '아이는 행복하고 부모는 안심할 수 있는 세상'을 비전으로 제시하고, 아이의 신체적 특성이나 부모의 사회적·경제적 여건 등에 상관없이 아이는 누구나 행복하게 자라고, 부모는 안심하고 맡기고 양육하며, 교사는 자긍심을 가지고 일하는 여건을 조성하도록 제안하였다.

한국

일본

미국

영국

프랑스

독일

스웨덴

아이행복플랜은 아이의 건강한 성장과 발달에 최우선, 보육에 대한 국가의 책임 실현, 참여와 신뢰의 보육생태계 조성을 전략으로 하고 있다. 모든 아이에게 양질의 교육과 돌봄서비스를 제공하여 '가능한 최적의 출발선(The Best Possible Start)' 기회를 부여하는 것으로 정책 관심과 지원 대상을 모든 영유아로 확대하고, 영유아의 연령·신체·가구 여건 등을 종합적으로 고려하여 최적의 맞춤형 보육·양육 정책을 추진함을 뜻한다.

또한 일과 가정의 양립, 가계 부담 완화, 미래 인적 자원 투자를 위한 '보육에 대한 국가 책임제'를 실현함으로써 보육·양육에 대한 선별적 지원을 보편적 지원으로 확대하고 양적 확대가 서비스 질 향상으로 이어지도록 보육교직원의 처우를 개선하며, 시설·재정·시스템 전반의 관리와 지원을 강화함을 의미한다. 마지막으로 각계 참여를 토대로 보육정책을 수립·추진하고, 안심하고 맡길 수 있는 '참여와 신뢰의 보육생태계'를 조성함으로써 정책 수립 과정에서 각계 의견 수렴으로 상호 소통과 공감대를 형성하고, 어린이집에 대한 공개와 부모·지역사회의 참여로 수요자·공급자·정부 간 신뢰와 협력을 증진함을 의미한다.

> 아이행복플랜은 ① 부모의 보육·양육 부담 경감, ② 수요자 맞춤형 보육 지원, ③ 공공성 확대와 품질 관리 강화, ④ 양질의 안심 보육 여건 조성, ⑤ 신뢰 있고 투명한 보육생태계 구축, ⑥ 보육재정 및 전달체계 개선의 6대 추진과제를 제안하였다.

(4) 제3차 중장기 보육 기본계획(2018~2022년)

보건복지부는 2017년 12월 27일 중앙보육정책위원회 심의를 거쳐 '보육, 양육에 대한 사회적 책임 강화'를 실현하기 위한 제3차 중장기 보육 기본계획을 발표하였다. 제3차 중장기 보육 기본계획은 '영유아의 행복한 성장을 위해 함께하는 사회'라는 비전 아래 보육의 공공성 강화, 보육체계 개편, 보육서비스 품질 향상, 부모 양육지원 확대의 4개 분야 14개 추진과제로 구성되어 있다.

보육의 공공성 강화	보육체계 개편	보육서비스 품질 향상	부모 양육지원 확대
1. 국공립 이용률 40%로 확대	1. 어린이집 이용 및 지원체계 개선	1. 보육교사 전문성 강화	1. 부모의 양육 역량 강화 지원
2. 국공립 운영의 공공성 강화	2. 표준보육비용 산정 및 적정 보육료 지원	2. 보육교사 적정 처우 보장	2. 시간제 보육 서비스 확대
3. 직장어린이집 활성화	3. 보육과정 개편	3. 영유아 보육환경 개선	3. 취약보육 지원 개선
4. 어린이집 운영의 건전성 제고		4. 상시적 품질관리 강화	

[그림 1-10] 제3차 중장기 보육 기본계획의 분야별 추진과제

출처: 보건복지부(2018b).

[그림 1-11] 제3차 중장기 보육 기본계획 2019년 추진과제

출처: 따스아리 정책뉴스(2019. 2. 28.).

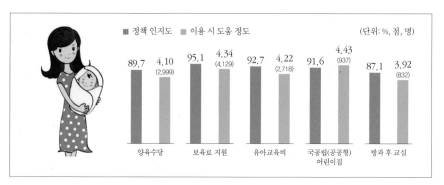

[그림 1-12] 기혼여성의 자녀양육지원정책 인지율 및 도움 정도(2015년)

출처: 보건복지데이터포털(https://data.kihasa.re.kr).

3) 유아교육의 역사적 맥락

우리나라 유아교육의 역사적 맥락은 유아교육의 태동기, 유아교육의 공교육 도입기, 유아교육의 공교육 전환기, 유아교육의 공교육 격동기, 유아교육과 보육의 통합 추진기로 구분된다(나은경, 2016).

(1) 유아교육의 태동기(1897년~일제강점기)

1849년 독일의 프뢰벨(Fröbel)은 독창적 교육원리 및 방법에 근거하여 '어린이의 정원(kindergarten)'을 의미하는 유아교육기관인 유치원을 설립하였다. 프뢰벨의 유치원이 가장 활발하게 보급된 국가는 미국과 일본으로, 한국은 근대화 시기에 미국과 일본의 영향을 받아 유치원을 설립·발전시켰다.

한국

일본

미국

영국

프랑스

독일

스웨덴

[그림 1-13] 프뢰벨　　　　[그림 1-14] 프뢰벨 은물 180주년 특별전

출처: 곽노의 역(2007).　　　출처: MBN 뉴스(2017. 9. 8.).

(2) 유아교육의 공교육 도입기(해방 후~1970년대)

1945년~1970년대까지는 제2차 세계대전의 종전과 대한민국 정부의 수립으로 교육계가 새로운 국면을 맞이한 시기였다. 우리나라의 유아교육은 국내의 시대적·정치사회적 여건 속에서 여러 선진 국가의 움직임에 직간접적인 영향을 받아 1970년대 중반부터 유아교육의 공교육화가 모색되기 시작하였다.

1960년대에는 취학 전 교육에 대한 학부모의 요구가 증가하였는데, 이는 취학 전 교육의 중요성을 인식해서라기보다는 초등학교 입학을 위한 수단으로 간주하였기 때문이다. 따라서 사립초등학교에 자녀를 입학시키고자 하는 중상류 계층의 자녀들을 중심으로 유치원이 운영되었다. 1965년부터 사립초등학교의 입시가 제도화되고, 유치원이 사립초등학교 입시를 준비하는 역할을 담당하는 경향이 강해지자, 정부는 1966년 7월 우리나라 최초로 유치원 교육과정을 마련하기로 하였다. 그로 인해 1969년 문교부령으로 '유치원 교육과정'이 최초로 제정되었는데, 제1차 유치원 교육과정은 유아의 흥미중심, 경험중심, 생활중심의 교육에 주안점을 두었다.

(3) 유아교육의 공교육 전환기(1980~1991년)

1970년대 이후 유아교육의 중요성을 모두 인식하였으나, 제도적 교육 차원에서의 유치원은 여전히 불안정한 상황이었다. 1980년 제5공화국의 출범으로 유아교육특별법인 「유아교육진흥법」이 제정·공포되면서 우리나라 유아교육은 일대 전환기를 맞이하였다. 1980년대는 정부가 유아교육의 확대에 적극 개입하던 시기로, 초등학교 병설로 설립한 공립유치원, 새마을유아원 그리고 유아교실이 정부 주도로 설립된 유아교육기관이다.

'공립유치원'은 1976년 이후 정부의 개입이 시작되어 본격적으로 증설되었고, '새마을유아원'은 또 하나의 공립 유아교육기관으로, 정부부처별로 다원화되어 있던 탁아시설들을 하나의 기관으로 통합하기 위해 만들어졌다. 또한 공립유치원과 새마을유아원 외에 정부가 주도하여 설립한 유아교육시설인 '유아교실'은 지역적으로 고르게 분포되어 있는 초등학교 교실을 이용하여 유아교육을 실시하기로 계획하고 시작한 정책이다. 그러나 예산 문제로 초등학교 저학년 교사가 겸임하여 운영하도록 하였으며, 유아의 관리 및 지도는 어머니 교실과 같은 학부모 봉사를 위주로 운영되었다. 이 시기는 유아교육을 단순히 양적으로 확대하고자 했던 시기로 정부는 유아교육에 대한 전문성을 전혀 인식하지 못하였다.

(4) 유아교육의 공교육 격동기(1991~2004년)

현재와 같은 유치원·어린이집 이원화 체제는 1982년 「유아교육진흥법」이 제정되며 시작되었다. 이러한 이원화는 1990년대 「영유아보육법」의 제정으로 고착화되었으며, 이후 「유아교육진흥법」 대신 「유아교육법」이 제정됨에 따라 우리나라 유아교육은 공교육체제 확립을 향한 새로운 변화의 시대를 맞이하게 되었다.

(5) 유아교육과 보육의 통합 추진기(2005년 이후)

우리나라에서 유보통합에 대한 논의는 육아정책연구소를 중심으로 2005년 이후 본격적으로 시작되었다. 유아교육과 보육이 이원화 체제로 유지됨에 따라 다양한 문제점이 발생하였고, 국가 수준의 공통 교육과정인 5세 누리과정을 통해 유보통합을 향한 첫발을 내딛게 되었다. 5세 누리과정을 확대하여 3~5세 연령별 누리과정을 시행함으로써 우리나라의 3~5세 유아는 유치원에 다니거나 어린이집에 다니거나 동일한 교육과정에서 교육을 받게 되었다. 즉, 유치원 교육과정과 어린이집 표준보육과정(3~5세)이 일원화되었으며, 그 후 유아교육과 보육의 통합을 추진하기 위해 평가인증, 교사자격 등의 측면에서 지속적인 노력을 하고 있다(윤아영, 2018). 2019 개정 누리과정은 2019년 7월 개정 고시되어 2020년 3월부터 시행된다.

Ⅱ. 양육지원

1. 일 · 가정 양립

우리나라의 일 · 가정 양립 제도는 맞벌이가구의 여성뿐만 아니라 남성, 그리고 전체 사회구성원에게 널리 확산되었다. 예를 들어, 가장 대표적인 일 · 가

정 양립제도인 육아휴직제도의 경우 여전히 여성의 활용 비율이 높고 남성 육
아휴직자의 절대 수치는 적지만, 점차 남성 육아휴직자의 수가 증가하고 있다.

　일·가정 양립이란 취업과 가정생활을 동시에 병행하는 것을 의미하는데,
우리나라에서 일·가정 양립 지원제도는 시대적 상황에 따라 다양하게 지원되
어 왔다. 현행 우리나라의 일·가정 양립 지원제도로는 휴가·휴직제도, 유연
근무제도, 보육서비스 등을 들 수 있다. 구체적으로 휴가·휴직제도에는 출산
전후휴가, 배우자출산휴가, 육아휴직제도, 육아기근로시간단축제도, 가족돌
봄휴직제도 등이 있고, 유연근무제도에는 시간제 근로, 시차출퇴근제, 탄력근
무, 재택근무 등이 있으며, 국공립어린이집 및 직장어린이집 확충 등의 보육서
비스 제공이 여성 및 남성근로자의 일·가정 양립을 지원하는 대표적인 제도
이다(KDI한국개발연구원, 2015).

[그림 1-15] 2016 일·가정 양립 실태조사 결과 발표
출처: 여성가족부 공식 블로그(https://blog.naver.com/mogefkorea/220910386722).

한국
일본
미국
영국
프랑스
독일
스웨덴

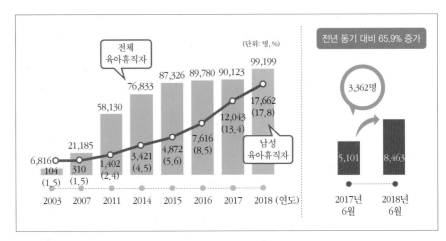

[그림 1-16] 한국의 남성 육아휴직급여 수급자 현황

출처: 고용노동부(2018a).

2017년 기준 최근 5년 동안 육아휴직자 수는 지속적으로 증가하는 추세를 보였고, 2017년 전체 육아휴직자 수(90,123명)는 2013년(69,616명) 대비 29.5% 증가하였는데, 이 중 남성 육아휴직자 수는 2017년 들어 처음으로 1만 명을 넘었다(고용노동부, 2018a).

고용노동부는 2019년부터 육아휴직 첫 3개월 이후 9개월간의 육아휴직급여를 통상임금의 40%에서 50%로 인상하고, 상·하한액도 100~50만 원을 120~70만 원으로 높이기로 함으로써 육아휴직 지원제도를 계속 확충하는 한편, 일·가정 양립을 위한 인식 개선 캠페인을 지속하고 있다(중앙일보, 2018. 7. 23.).

아빠육아휴직보너스제란 같은 자녀에 대해 부모가 모두 육아휴직을 사용하는 경우, 두 번째 사용한 사람의 육아휴직 3개월 급여를 통상임금의 100%로 상향해 지급하는 제도인데, 아빠육아휴직보너스제 상한액도 현행 월 200만 원에서 250만 원으로 인상해 육아휴직 시 소득대체 수준을 높인다.

또한 배우자 출산휴가도 현행 유급 3일에서 유급 10일로 확대하고, 출산휴가 청구시기도 출산한 날로부터 30일 이내에서 90일 이내로 확대하며, 1회 분할사용도 허용하는 등 필요한 때 적절하게 활용할 수 있도록 할 계획이다.

〈표 1-1〉 육아휴직급여 개편안

구분	기존	1차 개편(2017년 9월)		2차 개편(안)(2019년)
		초기 3개월	이후 9개월	이후 9개월
소득대체율	통상임금의 40%	통상임금의 80%	통상임금의 40%	통상임금의 50%
상한액	100만 원	150만 원	100만 원	120만 원
하한액	50만 원	70만 원	50만 원	70만 원

출처: 고용노동부(2018b).

2. 양육정책

1) 보육료, 유아학비 및 양육수당 지원

2004년 개정된 「영유아보육법」에 명시된 보육 수혜자는 아동과 부모이므로 정부는 부모에 대한 정책으로 '부모의 육아부담 경감정책'을 제시하고, 실천방안으로 민간시설 기본 보조금제도를 통한 부모의 보육비용 경감 및 차등보육료의 확대 적용을 명시하였다(이미정, 윤숙현, 2006). 또한 우리나라는 공급자 위주로 추진되었던 보육정책을 수요자 중심으로 추진할 수 있도록 2006년 7월 제1차 중장기 보육 기본계획(2006~2010년)을 수립·발표하여 추진하면서 보편적 보육정책 추진 및 보육의 공공성 강화를 위

[그림 1-17] 아이행복카드

해 보육예산을 대폭 증액하여 부모의 보육부담을 감소시키는 한편, 영아보육, 시간연장형보육 등 다양한 보육서비스를 제공하고, 부모의 보육료를 감소시킴과 동시에 민간시설의 보육서비스 수준을 향상시키고자 노력하였다(김호순, 2007).

이러한 정책의 시행을 위해 정부는 2010년 소득 하위 50% 이하에 대한 보육료 지원을 시작으로 2013년 「영유아보육법」을 개정하여 3월부터 소득 구분 없이 전 계층을 대상으로 무상보육을 실시함으로써 어린이집 이용 시 보육료를, 유치원 이용 시 유아학비를, 그리고 가정양육 시 양육수당을 지원하는 것이 보편화되었다. 즉, 어린이집이나 유치원을 이용하는 0~5세의 모든 영유아는 부모의 소득에 상관없이 연령별로 동일한 수준의 보육료와 유아학비를 지원받고 있으며, 가정에서 양육하는 영유아에게도 연령에 따라 차등으로 가정양육수당이 지원되고 있다(김경회 외, 2016).

[그림 1-18] 양육수당 안내문

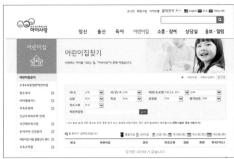

[그림 1-19] 임신육아종합포털 아이사랑 홈페이지

한국

일본

미국

영국

프랑스

독일

스웨덴

2) 맞춤형 보육

맞춤형 보육이란 아이와 부모의 다양한 보육서비스 요구 상황에 맞게 지원을 다양화하고자 2016년 7월부터 시행된 제도이다. 어린이집 0~2세반을 이용하는 아동을 대상으로 부모의 필요에 따라 종일반 또는 맞춤반을 선택하여 이용하도록 한 것이다. 종일반의 자격기준은 취업, 취업준비, 장애, 다자녀, 임신, 한부모, 입원이나 간병 등으로, 이에 해당하는 경우에는 주중 12시간을 보육하는 종일반을 이용하고, 종일반 이용대상 이외의 경우에는 맞춤반을 이용하는데, 맞춤반은 주중 6시간, 월 15시간 동안 긴급보육바우처를 사용할 수 있다.

맞춤형 보육은 맞벌이가정 등 장시간 어린이집 이용이 필요한 가구에 필요한 만큼 충분한 보육서비스를 제공하여 일ㆍ가정 양립을 지원할 수 있고, 가정 내 돌봄이 가능한 영아에게는 적정 시간의 보육서비스를 지원하여 영아의 건강한 성장발달을 지원할 수 있다.

2016년 7월 전업주부의 0~2세 영아는 어린이집 이용시간을 하루 7시간으로 줄이는 맞춤형 보육 정책을 보건복지부에서 추진하였으나, 취업모와 전업모의 편 가르기를 조장한다는 지적이 있었다. 또한 2017년 7월 맞춤형 보육이 시행된 지 1년 만에 현행 맞춤형 보육제도가 부모에게 동일한 보육료를 직접 지급하고, 부모가 종일반과 맞춤반을 택일하는 방식으로 변경될 것으로 전망하였다(동아일보, 2017. 7. 20.). 이후 2018년 8월 보건복지부는 현행 맞춤형 보육제도를 개편하여 7~8시간 공통 보육체계로 변경한다는 내용의 보육지원체계 개편 방안을 발표하였다(보건복지부, 2018a). 이는 어린이집 운영시간을 부모의 맞벌이 여부와 상관없이 모든 영

[그림 1-20] 맞춤형 보육 안내문

유아가 공통으로 받는 '기본보육시간'과 이후 보육시간인 '추가보육시간'으로 구분한다는 내용으로, 오전 9시부터 7~8시간은 모든 영유아에게 제공하고 이후부터 오후 7시 30분까지 운영되는 오후반, 밤 10시까지 운영되는 야간반 등으로 추가 운영한다는 것이다. 이러한 정책 제안에 대해 추가적인 의견 수렴과 검토를 거쳐 개편 방안을 확정할 예정이다.

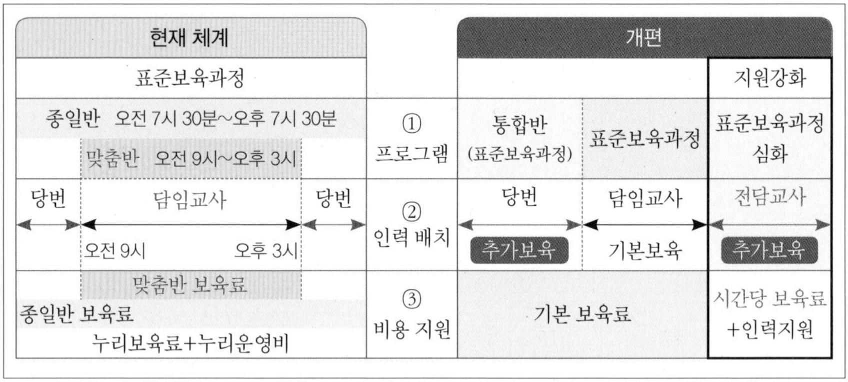

현재 체계			개편		
표준보육과정					지원강화
종일반 오전 7시 30분~오후 7시 30분		① 프로그램	통합반 (표준보육과정)	표준보육과정	표준보육과정 심화
맞춤반 오전 9시~오후 3시					
당번 ← 담임교사 → 당번		② 인력 배치	당번 추가보육	담임교사 기본보육	전담교사 추가보육
오전 9시 오후 3시					
맞춤반 보육료		③ 비용 지원	기본 보육료		시간당 보육료 +인력지원
종일반 보육료 누리보육료+누리운영비					

[그림 1-21] 보육지원체계 개편안

출처: 보건복지부(2018a).

3) 아동수당제도

아동수당은 아동의 권리 · 복지 증진, 양육부담 경감 등을 위해 미국, 터키, 멕시코를 제외한 모든 OECD 국가에서 오래 전부터 시행 중인 아동복지제도이다. 우리나라의 경우 2017년 문재인 정부가 출범하면서 국정운영 5개년 계획을 통해 저출산 극복 방안의 하나로 아동수당제도를 신설하여 2018년 9월부터 보육과 양육지원을 강화하겠다고 발표하였다.

한국
일본
미국
영국
프랑스
독일
스웨덴

[그림 1-22] 아동수당 신청 안내문

출처: 아동수당 홈페이지(http://www.ihappy.or.kr),
　　　뉴시스(2019. 1. 15.).

　　아동수당제도는 만 6세 미만(0~71개월) 아동에게 매월 10만 원씩 지급함으로써 아동의 건강한 성장 환경을 조성하여 아동의 기본적 권리와 복지 증진에 기여하기 위해 도입되었다. 2018년에는 만 6세 미만(0~71개월) 아동 중 가구당 소득 인정액이 선정 기준액(2인 이상 전체 가구의 경우 소득수준 하위 90%) 이하인 아동만 아동수당의 지급대상이었으나, 2019년부터는 만 6세 미만 모든 아동에게 지급되는 보편수당으로 확대되었고, 2019년 9월부터는 지급연령이 상향되어 만 7세 미만 아동까지 지급된다.

Ⅲ. 유아교육 · 보육 현황

1. 유아교육 · 보육 비용

　2002년 이후 보육과 유아교육을 포함한 육아지원 예산은 매년 증액되었으며, 국민총생산량(GDP)에서 차지하는 비율 역시 증가하고 있어 2002년 0.12%에서, 2009년 0.53%, 2014년 0.68%로 증가하였다. 그러나 UNICEF에서는 GDP의 1%를 보육사업을 위한 재정의 최소 기준으로 제시하고 있고, 2005년 기준 EU국가의 평균 GDP 대비 평균 유아교육 · 보육 예산이 1.2%임을 고려할 때 우리나라의 보육 재정은 여전히 부족한 상황이므로 지속적인 재원 확보가 필요하다(김경회 외, 2016). 문재인 정부는 2018년부터 어린이집 누리과정 예산 전액을 국고에서 지원해 유아교육 · 보육에 대한 국가 책임을 확대하겠다는 입장을 밝혔는데, 보육료뿐만 아니라 인건비 지원, 교사 근무 지원 개선비, 교구 교재비 등에 대한 논의를 통해 합리적인 재정 지원이 필요한 상황이다.

　보육료 상한액과 기타 필요경비 수납 한도액은 각 시도별로 차이가 있는데, 최대 20만 원까지 격차가 생길 수 있다. 따라서 각 지역별 격차를 최소화하여 서비스 비용 차원에서 형평성을 보장할 필요가 있다. 또한 시 · 도는 지역 내 시 · 군 · 구의 해당 비용 수준을 규제하여 동일한 방식을 적용할 필요가 있다. 이를 위해 중앙정부는 보육료 상한액의 증가율을 규제하고, 특별활동비 상한선을 일괄 규제하며, 시 · 도 특성화비는 기관 유형별로 상한액을 권고하여 기관 유형에 따른 비용 격차가 야기되지 않도록 해야 한다. 이때 보육료 상한액의 규제는 표준보육비용의 현실화가 우선적으로 전제되어야 하며, 기타 필요경비의 규제는 전국적인 회계관리 시스템의 도입을 통해 현실화될 수 있다(유해미, 강은진, 조아라, 2016).

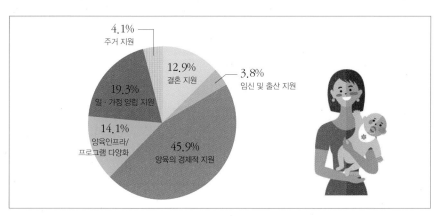

[그림 1-23] 기혼여성의 출산양육에 가장 도움된다고 응답한 지원정책(2015년)

출처: 보건복지데이터포털(https://data.kihasa.re.kr).

양육비용 부담 완화는 정부가 가장 주력한 부문으로 비용 지원 대상의 점진적 확대를 통해 전 계층 지원이라는 성과를 이루었으나, 추가비용에 따른 비용 부담이 여전히 남아 있어 그 성과는 제한적이라고 평가된다. 정부 지원이 국공립어린이집과 법인어린이집에 편중되어 있어, 지원을 받지 못하는 민간 · 가정 어린이집은 영유아의 부모에게 다양한 명목으로 추가적인 보육료를 받고 있다(김경회 외, 2016). 특히 유아의 경우에는 특별활동비로 인해 서비스 이용비용 부담 완화 성과가 더욱 미흡한 것으로 판단되므로 특별활동 수요에 대응하는 새로운 접근이 요구된다.

재정 여건, 여성의 경제활동 참가율 등을 고려하여 각계 의견 수렴을 거쳐 연령별 적정 단가에 대한 사회적 합의를 통해 단계적으로 가정양육수당 지원

한국
일본
미국
영국
프랑스
독일
스웨덴

단가를 인상해 가정양육을 하는 경우 부모의 부담을 완화할 필요가 있다. 어린이집을 이용하는 비용을 지원하는 것만으로는 부모들의 비용 부담을 충분히 완화시켜 주지 못하므로 현행 가정양육수당과는 달리 기관 이용 여부와 상관없는 아동에 대한 현금지원제도의 도입에 대해서도 고려해 볼 필요가 있다(유해미 외, 2016).

2. 유아교육·보육 기관

1) 유치원

우리나라의 유치원은 유아의 교육을 위하여 「유아교육법」에 따라 설립·운영되며, 「유아교육법」 제7조에서는 유치원의 유형을 국립유치원, 공립유치원, 시립유치원으로 구분한다. 국립유치원은 국가가 설립·경영하는 유치원이고, 공립유치원은 지방자치단체가 설립·경영하며(시립유치원과 도립유치원으로 구분), 사립유치원은 법인 또는 개인이 설립·경영하는 유치원이다(이경희, 정정옥, 2014). 이와 같이 유치원은 만 3세부터 초등학교 취학 전까지 유아의 교육을 위하여 국가나 지방자치단체가 설립·운영하는 국공립유치원이나 법인 또는 개인이 설립·운영하는 학교를 말하며, 우리나라 「교육기본법」에 따른 학교교육을 실시해야 한다.

[그림 1-24] 국공립어린이집·유치원 확대

출처: 교육부 공식 블로그(2018a).

[그림 1-25] 공립유치원 신규교사 선발

출처: 교육부 공식 블로그(2018b).

[그림 1-26] 공립유치원 환경 구성

출처: 키즈맘(2017. 12. 27.).

2) 어린이집

우리나라의 어린이집 유형은 설치 주체에 따라 국공립어린이집, 사회복지
법인어린이집, 법인·단체등어린이집, 직장어린이집, 가정어린이집, 협동어
린이집, 민간어린이집으로 구분된다. 국공립어린이집은 국가나 지방자치단체
가 설치·운영(위탁운영 포함)하는 어린이집(직장어린이집 제외)으로 상시 영유
아 11인 이상을 보육할 수 있는 기관이다. 「사회복지사업법」에 의한 사회복지

[그림 1-27] 국공립어린이집 환경 구성　　　　[그림 1-28] 직장어린이집
출처: 아시아경제(2016. 1. 18.).　　　　　　　출처: 이데일리(2018. 10. 1.).

법인이 설치・운영하는 사회복지법인어린이집, 각종 법인(사회복지법인을 제외한 비영리법인)이나 단체 등이 설치・운영하는 법인・단체등어린이집이 있으며, 상시 영유아 21인 이상을 보육할 수 있는 기관이다.

　직장어린이집은 상시 여성근로자 300명 이상이거나 근로자 500명 이상인 사업장에서 의무적으로 설치해야 한다는 관련법에 의해 설치・운영된다. 따라서 사업주가 사업장의 근로자를 위하여 설치・운영하며, 상시 영유아 5인 이상을 보육할 수 있는 시설을 갖추어야 하고, 직장어린이집은 해당 회사의 자녀 수가 현원의 3분의 1 이상 되면 고용보험기금을 추가로 지원받을 수 있다.

　가정어린이집은 개인이 가정 또는 그에 준하는 곳에 설치・운영하는 어린이집으로, 어린이집이 건축법에 의한 노유자시설로 용도 지정을 받지 않은 아파트 또는 주택에 설치・운영할 수 있으나, 5인 이상 20인 이하의 영유아만을 보육할 수 있다. 협동어린이집은 보호자 11인 이상이 조합법을 결성하여 설치・운영하는 어린이집으로 상시 영유아 11인 이상을 보육할 수 있는 기관이고, 민간어린이집은 국공립, 사회복지법인, 법인・단체등, 직장, 가정, 협동어린이집을 제외한 기관으로 상시 영유아 21인 이상을 보육할 수 있는 기관이다.

3. 유아교육 · 보육 프로그램

1) 유치원 교육과정과 누리과정

우리나라의 유치원 교육과정은 1969년(제1차)에 처음으로 제정 · 공포된 이후 1979년(제2차), 1981년(제3차), 1987년(제4차), 1992년(제5차), 1998년(제6차), 2007년(2007 개정)에 이르기까지 총 여섯 차례에 걸쳐 개정이 이루어졌다. 2007년 개정을 마지막으로 유치원 교육과정이라는 명칭 대신 누리과정이라는 명칭을 새롭게 사용하게 되었는데, 이는 보건복지부와 교육과학기술부가 2011년 어린이집과 유치원의 5세 유아를 위한 공통의 교육과정인 5세 누리과정을 제정하면서 시작되었다. 2013년에 5세 누리과정과 연계한 3~4세 누리과정이 개발되어 3~5세 연령별 누리과정이 도입되었고, 2019년 7월에는 2019 개정 누리과정이 고시되어 2020년 3월부터 시행된다.

〈표 1-2〉 제1차~2007 개정 유치원 교육과정의 영역

제1차	제2차	제3차	제4차	제5차	제6차	2007 개정
• 건강 • 사회 • 자연 • 언어 • 예능	• 사회 · 정서발달영역 • 인지발달영역 • 언어발달영역 • 신체발달 및 건강영역	• 신체발달영역 • 정서발달영역 • 언어발달영역 • 인지발달영역 • 사회성발달영역	• 신체발달영역 • 정서발달영역 • 언어발달영역 • 인지발달영역 • 사회성발달영역	• 건강생활 • 사회생활 • 표현생활 • 언어생활 • 탐구생활	• 건강생활 • 사회생활 • 표현생활 • 언어생활 • 탐구생활	• 건강생활 • 사회생활 • 표현생활 • 언어생활 • 탐구생활

출처: 이기숙, 장영희, 정미라, 엄정애(2014).

2) 표준보육과정과 누리과정

표준보육과정은 0~5세 영유아가 어린이집에서 경험해야 할 바람직한 태도와 가치·지식·기술 등을 포함한 보편적 보육내용에 해당한다. 우리나라에서는 2004년 개정 「영유아보육법」 제29조에 의거해 국가 수준의 보육과정인 표준보육과정을 개발·보급하고, 표준보육과정에 따라 영유아를 보육하도록 규정하였다(보건복지부, 육아정책연구소, 2013). 2007년 1월 1차 표준보육과정을 고시해 구체적인 보육내용을 제시하였고, 2세 미만 보육과정, 2세 보육과정, 3~5세 보육과정이 보육현장에 적용되었다. 이후 사회와 보육여건의 변화에 따라 표준보육과정에 대한 개정의 필요성이 대두되었고, 3~5세 유아가 어린이집과 유치원에서 각각 운영되던 표준보육과정과 유치원교육과정으로 보육·교육되는 실정에 대해 문제가 제기되었다.

이에 보건복지부와 교육과학기술부는 2011년 어린이집과 유치원의 5세 유아를 위한 공통의 교육과정인 5세 누리과정을 제정하였고, 2012년 5세를 제외한 0~4세 영유아를 대상으로 한 2차 표준보육과정을 마련하였다. 이어서 2013년 5세 누리과정과 연계한 3~4세 누리과정이 개발되어 3~5세 연령별 누리과정이 만들어졌다. 이로써 2013년부터는 어린이집과 유치원에 다니는 모든 3~5세 유아는 공통과정을 통해 양질의 보육과 교육을 제공받게 되었다(보건복지부, 교육과학기술부, 2013). 또한 0~5세 영유아의 연속적인 경험과 연령 간 발달적 연계를 위해 3~5세 누리과정에 맞추어 기존의 2차 표준보육과정을 개편한 3차 표준보육과정을 마련하였다.

3차 표준보육과정은 어린이집을 이용하는 모든 영유아를 대상으로 하여 국가 수준에서 제공하는 보편적이고 공통적인 보육의 목표와 내용을 제시하며, 0~1세 보육과정, 2세 보육과정, 3~5세 보육과정(누리과정)으로 구성해 누리과정을 포함하는 넓은 개념으로 정리되었다. 0~5세 영유아를 위한 국가수준의 보육과정이 정립됨으로써 표준보육과정(누리과정)을 토대로 연령별 보육활동을 조직·운영할 수 있게 되었다. 표준보육과정(누리과정)은 국가 수준의 보육목표와 영유아의 발달과 개인차를 고려하여 이들이 경험하게 될 보편적인 보육내용으로, 국가의 보육 방향을 규정하고 더 나아가 미래의 능력 있는 민주시민의 기초를 형성하는 데 목적을 둔다(성미영, 장영은, 2018).

〈표 1-3〉 제3차 어린이집 표준보육과정(누리과정) 영역별 내용범주

구분	영역	내용범주
0~2세 보육 과정	기본생활	건강하게 생활하기, 안전하게 생활하기
	신체운동	감각과 신체 인식하기, 신체조절과 기본운동하기, 신체활동 참여하기
	의사소통	듣기, 말하기, 읽기, 쓰기
	사회관계	나를 알고 존중하기, 나와 다른 사람의 감정 알기, 더불어 생활하기
	예술경험	아름다움 찾아보기, 예술적 표현하기, 예술 감상하기
	자연탐구	탐구하는 태도 기르기, 수학적 탐구하기, 과학적 탐구하기
3~5세 보육 과정 (누리 과정)	신체운동 · 건강	신체 인식하기, 신체 조절과 기본운동하기, 신체활동에 참여하기, 건강하게 생활하기, 안전하게 생활하기
	의사소통	듣기, 말하기, 읽기, 쓰기
	사회관계	나를 알고 존중하기, 나와 다른 사람의 감정 알기, 가족을 소중히 여기기, 다른 사람과 더불어 생활하기, 사회에 관심 갖기
	예술경험	아름다움 찾아보기, 예술적 표현하기, 예술 감상하기
	자연탐구	탐구하는 태도 기르기, 수학적 탐구하기, 과학적 탐구하기

출처: 성미영, 장영은(2018).

〈표 1-4〉 2019 개정 누리과정 영역별 내용범주

영역	내용범주
신체운동 · 건강	신체활동 즐기기, 건강하게 생활하기, 안전하게 생활하기
의사소통	듣기와 말하기, 읽기와 쓰기에 관심 가지기, 책과 이야기 즐기기
사회관계	나를 알고 존중하기, 더불어 생활하기, 사회에 관심 가지기
예술경험	아름다움 찾아보기, 창의적으로 표현하기, 예술 감상하기
자연탐구	탐구과정 즐기기, 생활 속에서 탐구하기, 자연과 더불어 살기

출처: 교육부, 보건복지부, 육아정책연구소(2019).

4. 유아교육 · 보육 교사

1) 유치원교사 양성과정

우리나라의 유치원교사 양성은 1915년 이화학당에 2년 과정의 유치원 사범과를 설치함으로써 시작된 이래 2, 3년제 대학 유아교육과, 4년제 대학 유아교육과와 4년제 대학 유아교육 관련 학과(교직과정을 이수한 모집정원의 10%)에서 유치원 정교사 2급 자격을 부여하고 있으며, 현행 우리나라 유치원교사는 준교사, 정교사 2급, 정교사 1급으로 구분된다.

2) 보육교사 양성과정

우리나라의 보육교사 양성과정은 보육교사 3급, 2급, 1급 자격으로 구분되는데, 2급에서 1급으로의 승급 시 3년 이상의 경력과 승급교육을 받도록 하는 점은 유치원교사 양성과정과 유사하지만, 3급 자격증을 발급하는 점은 유치원교사 양성과정과 다른 점이다.

보육교사의 전문성은 개인의 자질도 중요하지만 전문성을 유지 · 발전시키

도록 지원하는 제도 및 근무환경과 밀접하게 관련되어 있다. 보육·교육의 질
은 교사의 질과 직결되므로 결국 보육의 질은 보육교직원에 의해 결정된다고
볼 수 있다. 보육의 전문성 확보와 보육의 질 향상이 보육정책의 중요한 목표
라면 보육교사의 처우개선을 위해 보다 적극적으로 지원이 제공되어야 한다.
보육교사의 처우 개선과 근무환경 개선, 근무시간 적정화, 급여수준 상향조정,
업무부담 감소 등을 통해 직업적 자부심을 가지고 근무할 수 있는 여건을 마련
해 우수한 보육교사들이 보육현장에 지속적으로 투입됨과 동시에 장기간 근속
하도록 유인책을 마련해야 한다.

〈표 1-5〉 우리나라 유치원교사 자격기준

구분	자격기준
1급	1. 유치원 정교사(2급) 자격증을 가진 자로서 3년 이상의 교육경력을 가지고 소정의 재교육을 받은 자 2. 유치원 정교사(2급) 자격증을 가지고 교육대학원 또는 교육부장관이 지정하는 대학원의 교육과에서 유치원 교육과정을 전공하여 석사학위를 받은 자로서 1년 이상의 교육경력이 있는 자
2급	1. 대학에 설치하는 유아교육과 졸업자 2. 대학 졸업자로서 재학 중 소정의 보육과 교직학점을 취득한 자 3. 교육대학원 또는 교육부장관이 지정하는 대학원의 교육과에서 유치원 교육과정을 전공하고 석사학위를 받은 자 4. 유치원 준교사 자격증을 가진 자로서 2년 이상의 교육경력을 가지고 소정의 재교육을 받은 자
준교사	유치원 준교사 자격검정에 합격한 자

출처: 「유아교육법」 제22조 제2항 관련 [별표2].

한국
일본
미국
영국
프랑스
독일
스웨덴

〈표 1-6〉 우리나라 보육교사 자격기준

구분	자격기준
1급	가. 보육교사 2급 자격을 취득한 후 3년 이상의 보육업무 경력이 있는 사람으로서 보건복지부장관이 정하는 승급교육을 받은 사람 나. 보육교사 2급 자격을 취득한 후 보육 관련 대학원에서 석사학위 이상을 취득하고 1년 이상의 보육업무 경력이 있는 사람으로서 보건복지부장관이 정하는 승급교육을 받은 사람
2급	가. 전문대학 또는 이와 같은 수준 이상의 학교에서 보건복지부령으로 정하는 보육 관련 교과목 및 학점을 이수하고 졸업한 사람 나. 보육교사 3급 자격을 취득한 후 2년 이상의 보육업무 경력이 있는 사람으로서 보건복지부장관이 정하는 승급교육을 받은 사람
3급	고등학교 또는 이와 같은 수준 이상의 학교를 졸업한 사람으로서 보건복지부령으로 정하는 교육훈련시설에서 정해진 교육과정을 수료한 사람

출처: 「영유아보육법 시행령」 [별표1].

Epilogue

현재 우리나라에서는 출산휴가 · 육아휴직제도, 유연근무제도 등 일 · 가정 양립 지원제도가 시행되고 있다. 아동수당제도는 2018년 9월 신설된 이래 2019년부터 소득과 관계없이 만 6세 미만 아동을 대상으로 아동수당을 지급하였고, 9월부터는 지급 대상을 만 7세 미만으로 확대함으로써 아동에 대한 국가의 책임을 강화하였다. 우리나라의 유아교육 · 보육은 오랜 시간 이원화 체제를 유지해 왔으며, 유보통합을 위해 노력한 결과 3~5세 유아 대상의 국가수준 교육과정을 누리과정으로 일원화하여 유치원과 어린이집에 다니는 3~5세 유아는 누리과정에 의해 교육받고 있다. 현행 우리나라 유치원교사는 준교사, 정교사 2급, 정교사 1급으로 구분되고, 보육교사는 3급, 2급, 1급 자격으로 구분되는데, 2급에서 1급으로의 승급 시 3년 이상의 경력과 승급교육을 받도록 하는 점은 유치원교사 양성과 유사하지만, 3급 자격증 발급은 차이점이다.

📖 참고문헌

고용노동부(2018a). 남성 육아휴직급여 수급자 현황.

고용노동부(2018b). 육아휴직급여 개편안.

곽노의 역(2007). 프뢰벨. 서울: 북섬.

교육부 공식 블로그(2018a). 국공립 유치원·어린이집 취원율이 40%까지 확대됩니다!
　　　https://blog.naver.com/moeblog/221270908716

교육부 공식 블로그(2018b). "올해 공립유치원 신규교사 1,018명 선발".
　　　https://blog.naver.com/moeblog/221358090733

교육부, 보건복지부, 육아정책연구소(2019). 2019 개정 누리과정(안) 공청회 자료집.

김경회, 문혁준, 김선영, 김신영, 김지은, 김혜금, 서소정, 안선희, 안효진, 이희경, 정선
　　　아, 황혜원(2016). 보육학개론(4판). 서울: 창지사.

김호순(2007). 보육정책의 공공성과 투명성 제고방안. 서울: 여성가족부.

나은경(2016). 한국 유아교육의 공교육 형성에 관한 교육역사사회학적 탐색. 부산대학
　　　교 대학원 석사학위논문.

뉴시스(2019. 1. 15.). 6세미만 月10만원 아동수당 4월25일 첫 보편지급.

동아일보(2017. 7. 20.). 맞춤형 보육, 1년만에 대폭 손본다.
　　　http://news.donga.com/3/all/20170720/85438908/1

따스아리 정책뉴스(2019. 2. 28.). 보육의 질을 높일 2019년 중장기 보육 기본계획 추
　　　진과제 확인하세요.

보건복지가족부(2010). 아이사랑플랜.

보건복지부(2006). 새로마지 플랜2010.

보건복지부(2010). 새로마지 플랜2015.

보건복지부(2013). 아이행복플랜.

보건복지부(2018a). 보육지원체계 개편안.

보건복지부(2018b). 제3차 중장기 보육 기본계획.

보건복지부, 교육과학기술부(2013). 3~5세 연령별 누리과정.

보건복지부, 육아정책연구소(2013). 표준보육과정.

성미영, 장영은(2018). **영유아보육학**. 서울: 한국방송통신대학교출판문화원.

아시아경제(2016. 1. 18.). 서울 아이들 국공립어린이집 입소는 '하늘에 별따기'.
　　https://news.v.daum.net/v/20160118144803601

여성가족부(2006). 새싹플랜.

유해미, 강은진, 조아라(2016). **2016 보육정책의 성과와 과제**. 서울: 육아정책연구소.

윤아영(2018). 한국과 핀란드의 유아교육제도 비교연구. 부산교육대학교 대학원 석사학
　　위논문.

이경희, 정정옥(2014). **영유아교육기관 운영관리**. 서울: 학지사.

이기숙, 장영희, 정미라, 엄정애(2014). **유아교육개론**(제3판). 경기: 양서원.

이데일리(2018. 10. 1.). 경기도교육청 북부청사 직장어린이집 '경기꿈드림어린이집' 개원.
　　https://news.v.daum.net/v/20181001142843168

이미정, 윤숙현(2006). 우리나라 영유아보육정책의 변천과 발전방향. **한국보육학회지**,
　　6(1), 81-98.

이삼식, 박종서, 이소영, 최효진, 송민영(2015). **2015년 전국 출산력 및 가족보건복지실태
　　조사**. 서울: 한국보건사회연구원.

중앙일보(2018. 7. 23.). 아빠 육아휴직, 이젠 많이 가네.

키즈맘(2017. 12. 27.). 저소득층 유아, 시·도 국공립 유치원 우선 입학기회 갖는다.
　　https://kizmom.hankyung.com/news/view.html?aid=2017122705390

통계청(2017). 일·가정 양립 지표.

KDI한국개발연구원(2015). **나라경제 11월호**.

MBN 뉴스(2017. 9. 8.). 프뢰벨 은물 180주년 특별전 어린이의 정원 전시 개최.

경기도 멀티미디어 홈페이지(https://exciting.gg.go.kr/)

한국

일본

미국

영국

프랑스

독일

스웨덴

다음백과(http://100.daum.net)

법제처 국가법령정보센터 홈페이지(http://www.law.go.kr/)

보건복지데이터포털 홈페이지(https://data.kihasa.re.kr)

아동수당 홈페이지(http://www.ihappy.or.kr)

여성가족부 공식 블로그(https://blog.naver.com/mogefkorea/220910386722)

우리역사넷 홈페이지(http://contents.history.go.kr/)

통계청(http://kostat.go.kr/portal/korea/index.action)

Chapter 02

일본 Japan

Prologue

일본 사람들은 성실하고 근면하며 자신의 일을 천직으로 여긴다. 그래서 각자 자신의 일에 상당한 자부심과 애착을 가지고 열심히 하는 모습을 보여 준다. 일본 사람들은 실수에 대해 여러 번 사과하지 않으면 사과받지 않은 것으로 생각한다. 한편, 일본에서는 예의범절을 중요하게 생각한다. 아이들이 가장 먼저, 그리고 가장 많이 듣는 말 중 하나가 '다른 사람들에게 폐를 끼치지 않도록'이다. 일본에서는 공공장소에서 뛰거나 소리를 지르고 제멋대로 행동을 하는 아이가 드물며, 지하철에서 아이를 자리에 앉히고 신발을 벗겨 돌아다니면서 다른 사람들을 불편하게 하지 않는 모습도 볼 수 있다.

Ⅰ. 개요 및 역사적 맥락

1. 개요

일본은 전체 면적의 97%를 차지하고 있는 네 개의 섬인 홋카이도, 혼슈, 시코쿠, 규슈를 중심으로 주변에 산재한 작은 섬들로 구성되어 있다. 총 면적은 37만 7,835 ㎢인데, 이는 노르웨이보다 작고 독일보다 크며, 면적 순으로는 61위이다.

일본은 입헌군주제를 채택하고 있으며, 상징적인 국가원수 역할을 하는 천황과 국민의 선거를 통해 선출되는 참의원(상원)·중의원(하원)으로 구성되는 국회가 공존하고 있다. 2018년 기준, 천황은 아키히토, 국회의 집권당은 자유민주당이며 내각총리대신은 아베 신조이다.

[그림 2-1] 일본 국기

1991년 소련이 붕괴한 이후부터 2010년 중국에 자리를 내주기 전까지 20여 년간 일본은 세계에서 두 번째로 국내 총생산이 높은 국가였으며, 2017년 기준, 중국, EU, 인도에 이어 세계 4위이다. 일본은 아시아 국가 중에서는 러시아를 제외하고 G8에 들어가는 유일한 국가이며, 유엔 안전 보장 이사회의 비상임이사국 지위를 보유하고 있다.

[그림 2-2] 일본 지도

한국

일본

미국

영국

프랑스

독일

스웨덴

일본은 헌법에 따라 군대 및 교전권을 포기하였으나 국토의 방위와 평화, 질서 유지를 위해 만들어진 자위대는 현대적이고 강력한 군사력을 유지하고 있다. 유엔 및 세계보건기구에 따르면, 일본은 영아 사망률이 세계에서 세 번째로 낮고, 평균 수명이 세계에서 가장 높으며, 대졸자 초봉은 2017년 기준 약 247만 엔으로 우리나라보다 낮은 수준이다.

일본의 행정구역은 1도(도쿄도), 1도(홋카이도), 2부(오사카부와 교토부), 43현으로 이루어져 있고, 행정상 별도로 정령지정도시, 중핵시, 특별구로 정해진 경우를 제외한 모든 도시는 도도부현에 속하며, 더 작은 행정 단위인 시정촌과 도시, 시골을 몇 개씩 묶어 정리한 군이 있다.

1) 인구와 언어

일본의 인구는 약 1억 2,700만 명으로, 세계에서 열한 번째로 많다. 사실상의 수도인 도쿄 도를 둘러싼 현들(가나가와현, 사이타마현, 지바현, 이바라키현, 도치기현, 군마현)을 포함하는 수도권은 세계에서 가장 큰 메트로폴리스 형태로 이 지역에만 약 4,000만여 명이 거주하고 있다.

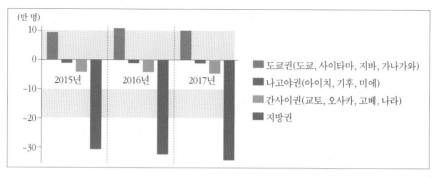

[그림 2-3] 일본의 권역별 인구 증감 현황(2015~2017년)

출처: 니혼게이자이신문(www.nikkei.com).

일본 전체 인구의 99% 이상이 일본어를 제1국어로서 사용하고 있으며, 일본어는 화자와 청취자의 상대적인 지위를 구분하는 경어가 포함되어 있고, 동사의 형태나 교착어 체계 등 일본 사회의 계층적인 특성을 반영한다. 또한 대표적인 일본어 사전인 『신센고쿠고지텐』에 따르면, 한자·한문·중국어를 뿌리로 하는 단어가 전체 어휘의 49.1%, 일본어 토박이말이 33.8%, 영어를 비롯한 기타 외국어에서 유래된 외래어가 8.8%를 차지하고 있다. ·

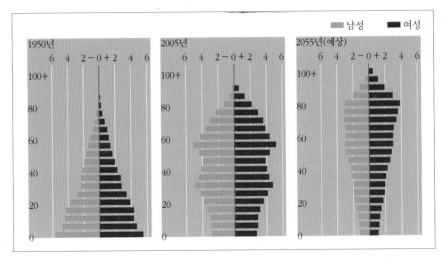

[그림 2-4] 일본의 연령 집단별 인구 분포

출처: National Institute of Population and Social Security Research 홈페이지(http://www.ipss.go.jp/index-e.asp).

2) 교육체계

1872년 메이지 유신 이후에 소학교, 중학교, 고등학교와 대학교 등 현대 학교의 개념이 일본에 처음으로 소개되었다. 1947년 이후 일본의 의무교육 기간은 소학교와 중학교 재학기간(만 6~15세)에 해당하는 9년이다. 의무교육을 이수한 대부분의 학생은 고등학교로 진학하며, 2014년 일본의 고등교육 진학률은 63%로 한국의 94%에 비해 크게 낮은 편이다(국가통계포털 kosis.kr).

일본의 교육체계는 6-3-3-4제로, 소학교 6년, 중학교 3년, 고등학교 3년, 대학교 4년으로 되어 있으며, 새 학기는 4월에 시작된다. 만 0세 이상의 영아는 후생노동성 산하의 탁아소에서 교육과 보육서비스를 제공받고, 만 3세부터 문부과학성의 관리를 받는 유치원에 다닌다. 만 6~7세부터는 우리나라 초등학교와 유사한 소학교를 다니며 중학교까지 의무교육에 해당한다. 한편, 대학교는 4년제 대학에 해당하는 일반 대학과 2년제 대학인 단기 대학, 그리고 전문학교가 있으며, 4년제 일반 대학은 학부제, 2년제 단기 대학은 학과제로 운영된다.

[그림 2-5] 일본의 학제

출처: 일본 정부관광국(www.welcometojapan.or.kr).

3) 대두되는 문제점

2016년 일본의 신생아 수는 98만 1,000명으로, 사상 처음 100만 명 선이 붕괴되었다. 이러한 수치는 일본이 현재 방식대로 통계를 작성하기 시작한 1899년 이래 최저 기록이고, 베이비붐 절정기(1949년, 269만 6,638명)의 3분의 1 수준이다. 1899년 4,340만 명이었던 일본의 인구는 2016년 3배인 1억 2,710만 명으로 증가한 반면, 신생아 수는 1899년 약 139만 명에서 2016년 약 98만 명으로 약 41만 명 감소하였다.

일본은 고도성장의 영향으로 인구가 지속적으로 증가한 시기가 있었는데, 1947~1949년 1차 베이비붐 시기에는 연간 신생아 수가 270만 명에 육박했다. 이때 태어난 일명 '단카이(團塊) 세대'가 결혼 적령기에 도달한 1971~1974년에는 연간 신생아 수가 200만 명이 넘어 2차 베이비붐 시기가 도래했다. 이후 저출산 현상이 본격화되기 시작하여 2008년 1억 2,809만 명을 정점으로 일본의

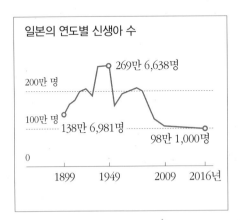

[그림 2-6] 일본의 연도별 신생아 수 및 합계 출산율 추이

출처: 일본 후생노동성(www.mhlw.go.jp).

인구는 매년 감소하였다. 후생노동성은 1967년 1억 명을 넘어선 일본 인구 2050년에는 1억 명 이하로 떨어질 것으로 예상하고 있다.

[그림 2-7] 일본의 출산 마크
출처: 일본 후생노동성(www.mhlw.go.jp).

　아베 정권의 다양한 저출산 극복 대책에도 불구하고 일본의 합계 출산율(2015년 1.45명)은 몇 년째 제자리걸음이다. 비정규직 증가, 빈부 격차 확대, 20~30대 인구 감소, 육아 부담으로 인한 둘째 자녀 이상 출산 기피 등이 저출산의 원인이다.

2. 역사적 맥락

　보편적인 공보육체계를 지향하는 일본의 보육정책에 따르면, 일본의 모든 아동은 보육에 대한 권리를 가지고, 국가와 지방자치단체는 이에 대한 책임을 지고 있다. 보육서비스를 필요로 하는 아동은 해당 시정촌에서 제공받으며, 거주지역에 상관없이 모든 아동은 일정 수준의 보육서비스를 제공받을 수 있다. 정부에서 보육소의 최저기준을 규정하고 있으므로 시정촌에서는 정부의 비용을 지원받기 위해 최저기준을 준수해야 한다.

　일본에서는 사회적 취약계층 및 요보호 아동을 위한 전통적인 복지서비스를 제공하면서 보육이 시작되었는데, 일본 보육정책의 역사는 다음과 같다(강현구, 이순형, 2014; 유해미, 유희정, 장경희, 2011).

1) 제2차 세계대전 이전(~1945년)

일본에는 제2차 세계대전 이전에 이미 공립보육소와 개인이 설립한 민간보육소가 존재하였다. 19세기 말 일본의 농촌에서는 여성이 농사일을 도와야 했고, 도시 빈곤가정에서는 맞벌이를 통해 생계를 해결해야 하는 상황이었다. 이로 인해 취학 아동이 나이 어린 영유아를 학교에 함께 데리고 오면 수업시간 동안 해당 영유아를 보호하는 코모리 학교가 등장하였다. 산업구조의 재편으로 인한 이농 현상과 자본주의 발달로 인한 빈곤층의 증가로 도쿄에 후타바 보육원이 설립되면서 본격적인 보육시설이 출현하였다.

2) 유보이원화에 따른 차별화 및 억제 조치 시기(1945~1964년)

1947년 일본은 「학교교육법」과 함께 「아동복지법」이 제정됨에 따라 탁아소라는 명칭이 보육소로 변경되었다. 모든 아동의 복지 증진과 향상을 위한 적극적인 관점에서 보육소는 '매일 보호자의 위탁을 받아 그 영유아를 보육하는 것을 목적으로 하는 아동복지시설'이 되었다(「아동복지법」 제39조). 그러나 1950년 이후 일본의 유보이원화 분리 정책에 따라 보육소는 유치원과 차이가 명확해졌고, 보육소 입소 대상을 제한하는 조치제도가 확립되었다(강현구, 이순형, 2014). 이는 패전에 따른 사회상과 밀접한 관계가 있으며, 보편적 복지에서 선별적 복지로의 선회를 의미한다.

3) 일본식 복지사회론 시기(1965~1990년)

1960년대 일본 정부는 폭발적으로 늘어난 보육소 수요에 발맞추기 위해 적극적으로 보육소를 설치하고자 하였으나, 1973년 오일쇼크로 저성장기에 접어들면서 정부 재정이 압박받게 됨에 따라 보육 관련 재정 부담을 최소화하려는 움직임이 다시 나타났다. 「육아휴업법」(1973년)을 제정하여 공립보육소 지원을 축소하고, 보육소 재정 부담을 완화하고자 하였다. 그 결과, 국고 부담률이 감소한 반면, 가정의 보육비 부담이 증가하여 보육소 퇴소 아동이 증가하였고, '베이비 호텔'과 같은 영리 목적의 무인가 상업 보육시설이 급증하였다.

4) 엔젤 플랜 시기(1991~1996년) 및 '대기 아동 제로 작전' 시기(2001~2005년)

1980년대 말부터 일본의 경기는 회복되었으나 노동력 부족 현상이 나타났다. 특히 1989년 출산율이 1.57명에 이른 이후 일본 정부는 증가하는 보육 요구를 해소하고, 출산을 장려하기 위한 방안을 모색하게 된다. 1994년 출산 및 육아에 대한 안정적 환경을 구축하고, 사회 지원 체계 수립을 위한 종합 계획으로 '엔젤 플랜(1995~1999년)'을 발표하여 보육사업에 대규모 재정을 투입하였고, 이후 '뉴엔젤 플랜(2000~2004년)'을 수립하였다. 한편, 1997년 「아동복지법」이 개정되면서 보육사 자격 등에 대한 규정이 개정되고, 기존의 보육소 입소 조치 제도가 개선되어 부모의 보육소 선택권이 강화되었다.

보육소 대기 아동을 줄이기 위한 노력으로 2001년부터 2005년까지 '대기아동 제로 작전'을 추진하여 보육소의 기준을 완화하고 설립 주체를 확대시킴으로써 보육소 설립을 촉진하였으나, 공립보육소를 민간에 위탁하는 등 보육서비스의 질을 저하시켰다는 비판을 받았다.

한국

일본

미국

영국

프랑스

독일

스웨덴

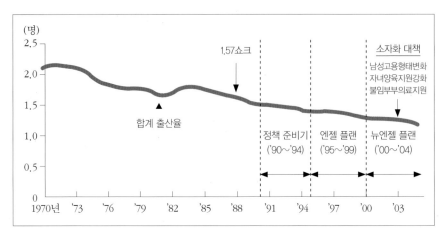

[그림 2-8] 일본의 저출산대책 도입 시기

출처: 한경닷컴(2006. 12. 27.).

5) 유보일원화와 관련한 '인정어린이원'의 출현(2006년 이후)

2006년부터 보육 및 교육 기능 수행기관으로 기존의 보육소, 유치원 외에 '인정어린이원'이라는 제3의 기관이 등장하였다. 2000년대 갑자기 진행된 유보일원화 논의로 등장한 인정어린이원은 보육소에서는 복지 기능을, 유치원에서는 의무교육 전 단계로서 교육 기능을 담당한다는 일본의 전통적인 인식으로 인해 만들어진 타협의 결과물이다. 즉, 보육소와 유치원을 단순히 일원화시키기는 어렵기 때문에 '인정어린이원'을 통해 지속적으로 일원화를 추진해 나간다는 합의점을 도출하였다. 인정어린이원은 유치원과 보육소 각각의 특징과 함께 통합적 특징도 가지고 있다(백성숙, 2017).

일본 정부는 보육과 관련한 다양한 과제를 해결하기 위해 2012년 「아동 · 자녀양육 신 제도」에 관한 법률을 신설하여 2015년 4월부터 본격적으로 시행하였다. 「아동 · 자녀양육 신 제도」를 통해 인정어린이원 보급, 보육소 확충 및 대기 아동 감소, 보육의 양적·질적 향상 등을 추구하였다.

　이러한 정부의 정책에도 불구하고 보육대란의 해소 기미가 보이지 않자 미인가 보육소 및 보육벤처시설이 증가하였다. 입회비를 내고 이용시간에 따라 별도 이용료를 지불하면서 24시간 자녀를 맡길 수 있는 베이비 호텔이나 아동의 하원을 돕고 1~2시간의 돌봄을 의뢰할 수 있는 사이트가 등장하였다. 스마트폰을 통해 베이비시터를 신청하는 어플리케이션까지 개발되어 일본의 보육대란이 현재 진행형임을 보여 준다(조선뉴스프레스, 2017. 3. 2.).

[그림 2-9] 아동·자녀양육 신 제도 심볼 마크

출처: 일본 후생노동성(www.mhlw.go.jp).

Ⅱ. 양육지원

1. 일·가정 양립

　　일·가정 양립을 위한 사회자본 점수 비교에서 일본은 OECD 28개 국가 중 27위를 차지하였다(현대경제연구원, 2014). '제도적 기반'과 '공동체 내 배려'로 구분하여 측정된 사회자본 점수에서 일본은 10점 만점 기준에 4.7점을 획득하였고, 특히 여성의 일·가정 양립을 위한 제도적 기반 가운데 정부의 제도적 지원보다 직장에서의 배려가 상대적으로 더 취약하였다. 공동체 내 배려에서는 공동체 내 관심에 비해 가정 내 배려가 현저히 낮았는데, 남성의 육아휴직 기간이 0주이고, 여성의 여가 및 개인시간도 13.6시간에 불과해 여성의 일·가정 양립을 위한 가정의 관심과 배려가 최하위였다.

　　일본 정부는 후생노동성 일·가정 양립 지원 대책에 따라, 여성의 경제참여율과 출산율을 높이기 위해 일·가정 양립의 필요성을 인식하고 지원 방안을 실행하고 있다. 첫째, 법률에 근거하여 일·가정 양립지원 제도를 정비함으로써 산전 6주, 산후 8주의 휴가를 제공하고, 시간외 업무나 심야 업무에서 제외하도록 하였다. 또한 의사의 권유에 따른 휴식과 휴업 조치를 사업주에게 의무화하고, 임신과 출산을 이유로 한 해고는 금지되었다. 육아휴직 등 일·가정 양립 지원 제도의 정비를 통해 1세 미만 자녀가 있는 경우 부모 모두 1년 2개월의 육아휴직이 가능하며, 보육서비스를 이용하지 못하는 경우에는 1년 6개월까지 육아휴직이 가능하다. 3세 미만의 자녀를 둔 근로자의 경우 단축근무를 의무화하고 초과 근무를 면제하도록 하였다.

일본에서는 일·가정 양립 지원 제도를 이용하기 쉬운 직장 환경을 만들기 위한 노력도 함께 실행하고 있다. 근로자 300인 이상의 기업에서는 일과 가정 생활의 균형을 유지하고 직원들과 의사소통을 할 수 있는 환경을 조성하기 위한 실천 계획을 수립하도록 의무화하였고, 이를 잘 수행하는 기업에 대해 세제상 보조금 혜택을 지원하고, 표창 등을 수여하도록 하였다. 이를 통해 남성의 육아휴직 참여율을 2011년 2.63%에서 2020년에는 13%를 목표로 하고 있다 (일본 후생노동성, www.mhlw.go.jp).

또한 2016년 후생노동성은 '일·육아 양립 지원 사업'을 신설하여 직원들이 일과 육아를 병행할 수 있도록 환경을 조성하고, 이직 방지, 취업 계속 여성의 활동 등을 추진하는 기업을 지원하였다. 기업 주도형 보육사업, 직원을 위한 보육소 설치·운영 비용을 조성하고, 기업 주도형 탁아서비스 이용자 지원사업, 야근 등으로 베이비시터를 이용할 경우 비용을 보조받을 수 있도록 함으로써 일·가정 양립을 지원하고 있다.

[그림 2-10] 이크멘 프로젝트
출처: 일본 후생노동성
(www.mhlw.go.jp).

일본 남성의 출산휴가는 52주까지 가능하며, 급여의 60%가 유급으로 처리된다. 여성은 무조건 14주를 출산휴가로 이용해야 하는데 출산 전 6주에서 출산 후 8주가 기준이다. OECD 국가 중 여성의 노동시장 참여도가 가장 낮아 이를 개선하기 위해 출산휴가제도가 시행되고 있다. 남성 출산휴가제도도 마련되어 있으나, 2015년 출산휴가를 사용한 남성은 전체 근로자의 2.3%에 해당한다. 출산휴가를 희망하지만 그로 인한 불이익이 걱정되어 신청하지 못하는 실정이다(허핑턴코리아, 2016. 3. 30.).

2. 양육정책

일본은 다양한 자녀양육 서비스를 통해 저출산 문제를 해결하고자 노력하고 있다(최미미, 2017).

〈표 2-1〉 일본의 자녀양육 서비스 지원 정책

구분	내용
이용자 지원	• 자녀양육 가정 및 임산부에게 적합한 유치원·보육소 등의 시설 및 지역의 자녀양육지원사업 등에서 필요한 지원을 선택하여 이용 가능하도록 정보 제공 및 지원 소개
방과 후 아동클럽	• 낮시간 동안 보호자가 가정에 없는 초등학생이 방과 후 초등학교 여유교실, 아동관 등을 이용하도록 지원
일시보육	• 보호자의 급한 용무 시 보육소 등에서 자녀를 돌봐 주는 서비스
환아보육	• 질병 또는 병후 자녀를 보호자가 가정에서 보육할 수 없을 경우, 병원·보육소 등의 부설 공간에서 자녀를 돌봐 주는 서비스
가족지원센터	• 영유아 및 초등학생 자녀를 둔 보호자가 회원으로 가입하여 자녀돌봄을 희망할 경우 돌보미를 연결해 주는 서비스
지역사회 자녀양육 지원거점	• 지역에 근접한 장소에서 부모-자녀 상호작용 공간을 제공하고, 자녀양육을 위한 상담 장소 제공
자녀양육 단기지원	• 보호자의 출장 및 관혼상제, 질병 등으로 자녀양육이 어려울 경우, 단기간 숙박으로 자녀를 돌봐 주는 서비스
영아가정 지도 방문	• 생후 4개월까지의 영아가 있는 모든 가정을 방문하여 양육에 관한 지도·조언 등과 함께 가정에 적절한 양육시설 확보
양육 지원 방문	• 양육 지원이 특별히 필요한 가정을 방문하여 양육에 관한 지도·조언 등과 함께 가정에 적절한 양육시설 확보
임신 건강검진	• 임산부의 건강 유지 및 증진을 위한 임산부 대상 건강검진

출처: 내각부, 문부과학성, 후생노동성(2016).

한국

일본

미국

영국

프랑스

독일

스웨덴

1) 아동수당제도

부양 아동이 있는 가정을 대상으로 정부가 수당을 지급하는 제도는 1926년 뉴질랜드에서 시작되어 대부분의 선진국에서 시행되고 있다. 이러한 선진국의 움직임에 발맞춰 일본도 연금이나 건강보험과 같은 아동수당제도를 수립해야 한다는 주장이 1955년부터 제기되었고, 1971년 「아동수당법」이 제정되어 1972년 1월 1일부터 아동수당제도가 시행되었다. 지급대상연령, 지급액 등과 관련하여 몇 차례 개정이 진행되었으며, 2012년 「아동수당법」 개정안이 제안되었다(김경석, 2012).

일본의 아동수당제도는 아동을 양육하는 부모에게 아동수당을 지급함으로써 가정생활의 안정에 기여하고, 다음 세대의 사회를 담당할 아동의 건전한 육성 및 자질 향상에 이바지하고자 1972년 시작되었다.

〈표 2-2〉 일본의 아동수당제도

목적	아동의 건강한 양육과 가정에서의 안정적 삶을 지원하는 현금수당
대상	일본에 거주하는 초등학교 졸업 전 아동(국적 무관)
급여수준	[소득제한 이하] • 0~3세 미만 월 1만 5천 엔 • 3세~초등학교 졸업까지 첫째, 둘째 자녀는 월 1만 엔, 셋째 이후 자녀는 월 1만 5천 엔 • 중학생 월 1만 엔 [소득제한 이상] • 월 5천 엔
급여형태	2, 6, 10월에 주 부양자 명의 통장에 4개월분 현금 입금
재원	국가+지자체+사업주

출처: 김성아, 김태완(2015).

출생순위 셋째 이후 자녀 중 5세 미만 아동이 지급대상이었고, 지급 금액은 부모의 소득수준에 따라 제한이 있으나 매월 3,000엔이 지급되었다. 아동수당제도는 일본의 저출산문제 해결을 위한 방안으로 도입되었고, 대상 연령의 확대, 소득제한 완화로 인한 지급금액 인상 등에 대한 논의가 지속되고 있다.

2012년 개정된 「아동수당법」의 목적은 부모 또는 보호자가 양육에 대한 1차적인 책임을 진다는 기본 인식하에 아동을 양육하는 보호자에게 아동을 위한 수당을 지급함으로써 가정생활의 안정에 기여하는 것이다. 소득제한 기준액은 세금 제외 연수입 960만 엔(전업주부와 자녀가 2명인 경우)이다. 소득제한 기준 이하 가정의 경우 3세 미만은 매월 15,000엔, 출생순위가 첫째와 둘째인 경우 3세 이상부터 초등학교 졸업까지는 매월 10,000엔, 출생순위가 셋째 이후인 경우 3세 이상부터 초등학교 졸업까지는 매월 15,000엔, 중학생은 매월 10,000엔이 지급된다. 소득제한 기준 이상 가정에는 매월 5,000엔을 일괄 지급하는데, 비용은 국가와 지자체의 부담비율을 2 대 1로 하며, 사업주가 일정 부분 부담한다(김성아, 김태완, 2015).

2) 아동부양수당제도

일본의 아동부양수당은 부모의 이혼 및 별거와 사망 등으로 부 또는 모와 생계를 같이하지 않는 부자가정 또는 모자가정의 생활 안정 및 자립 촉진과 아동복지의 증진을 도모하기 위해 부자세대 또는 모자세대에 수당을 지급하는 제도이다(전일주, 최영진, 2010). 아동부양수당제도는 아동복지권의 실현과 아동양육가정에 대한 소득지원의 필요성에 의해 1962년 1월 도입되었다. 이후 1985년 법률 개정으로 아버지의 소득이 일정액 이상일 경우에는 수당의 지급을 제한하였으나, 2010년 6월 법률 개정에서는 지급대상 범위를 모자가정에서 부자가정까지 확대하여 한부모가정의 자녀양육 및 생활지원과 취업지원을 강화하였다. 또한 2016년 8월부터 「아동부양수당법」 일부가 개정되어 둘째 자녀에 대한 가산액 및 셋째 이상의 자녀에 대한 가산액이 증액되었다(일본 후생노동성, www.mhlw.go.jp).

〈표 2-3〉 일본의 아동부양수당제도 지급액(2018년 4월): 사가현

출생순위	전부 지급	일부 지급 (소득에 따른 차등지급)
첫째	42,500엔	10,030엔~42,490엔
둘째	10,040엔 가산	5,020엔~10,030엔 가산
셋째 이후	6,020엔 가산	3,010엔 ~ 6,010엔 가산

출처: www.pref.saga.lg.jp.

〈표 2-4〉 일본의 아동부양수당제도 소득제한 한도액(2018년 4월): 구르메시

부양 친족 수	청구자 본인		고아 등의 양육자 배우자 · 부양 의무자
	전부 지급	일부 지급	
0명	49만 엔	192만 엔	236만 엔
1명	87만 엔	23만 엔	274만 엔
2명	125만 엔	268만 엔	312만 엔
3명	163만 엔	306만 엔	350만 엔
이후 1명당	38만 엔 가산	38만 엔 가산	38만 엔 가산
가산액	• 노인 공제 배우자 또는 노인 부양 친족 1명당 10만 엔 • 특정 부양 친족 또는 16세 이상 19세 미만의 공제 대상 부양 친족 1명당 15만 엔		부양 친족이 2명 이상이며, 그중 노인 부양 친족이 있는 경우 노인 부양 친족 1명당 6만 엔

출처: http://www.city.kurume.fukuoka.jp/.

한국
일본
미국
영국
프랑스
독일
스웨덴

아동부양수당의 지급대상은 아동 본인이 아니라 아동을 감호(監護)하는 사람, 즉 양육자이다. 여기서 아동이란 18세에 도달한 이후의 최초 3월 31일까지 사이에 있는 자 또는 20세 미만으로 일정한 장애상태에 있는 자를 말한다. 지급 대상 아동의 구체적인 요건은 부모가 이혼한 아동, 부 또는 모가 사망한 아동, 부 또는 모가 시행령에서 정한 장애인인 아동, 부 또는 모의 생사를 알 수 없는 아동, 부 또는 모로부터 1년 이상 유기된 아동, 부 또는 모가 법원의 가정폭력 보호 명령을 받은 아동, 부 또는 모가 법령에 따라 1년 이상 구금된 아동, 미혼 모의 자녀이다.

아동부양수당은 정부의 재원에 의해 수급자에게 매월 일정액의 현금을 지원하는 제도이지만, 수급자가 일정한 소득이 있는 경우에는 소득제한 규정에 따라 지원 여부가 결정된다.

Ⅲ. 유아교육 · 보육 현황

1. 유아교육 · 보육 비용

일본의 보육정책은 국가와 지방자치단체의 책임하에 추진되고 있으며, 1947년 제정된 「아동복지법」에 근거하여 보육제도가 시행되어 왔다. 이 법은 보육소의 설치 및 운영뿐만 아니라 보육사 등 인력 체계의 기준과 자격, 시설 설치 기준 등에 대해서도 규정하고 있다(강현구, 이순형, 2014). 그리고 「아동복지법」은 보육소 이외에도 장애아동시설, 아동자립지원시설, 모자생활지원시설, 아동양호시설 등 총 20개의 법정시설에 대해 포괄적으로 규정하고 있는데,

한국

일본

미국

영국

프랑스

독일

스웨덴

이는 요보호 아동에 대한 일반적인 아동복지서비스 차원에서 보육제도를 운영하였음을 의미한다. 보육제도를 가정에서의 자녀양육이 어려운 아동에게 한정된 전통적 복지서비스로 인식하고, 공적 영역에서 1차적 책임을 지는 공보육체제로 운영해 왔다.

일본 공적 보육제도의 세 가지 원칙은 시정촌에서 보육서비스 제공에 대해 책임을 지고 있다는 점과, 보육소의 조건 확보에 관한 공적 책임, 그리고 보육소 운영비의 공적 비용 부담 책임으로 구분된다. 정부는 보육을 희망하는 영유아에 대해 보육소 입소와 보육서비스 제공을 책임지며, 시정촌은 보육 희망자에 대해 보육소 입소와 최저기준 이상의 보육서비스를 보장하고, 관련 재원을 확보해야 하는 책임이 있다.

보육소는 공적 제도로서 운영되므로 일정 수준 이상의 설비나 조건, 운영기준이 요구되고, 전국 모든 지역에서 보육소의 운영기준과 서비스 수준이 준수되어야 한다. 따라서 아동의 건강한 성장과 문화생활을 보장하는 데 필요한 최저한도의 기준을 후생노동성장관이 정한다.

보육비용의 공적 부담 역시 공적 보육제도의 근간이 되는 원칙인데, 기본적으로 보육에 사용되는 비용은 국민이 납부한 세금으로 충당된다. 보육비용 사용은 우선적으로 시정촌에서 부담하고, 시정촌이 부담한 비용 중 부모 부담분을 제외한 나머지 운영비의 50%는 정부가, 나머지 50%는 도도부현과 시정촌에서 부담한다.

보육에 대한 시정촌의 책임은 보육소 신청 절차에도 반영되어, 보육소 입소는 시정촌과 보호자 사이에 이루어진다. 자녀의 보육을 희망하는 부모가 보육이 필요한 이유와 입소 희망 보육소를 함께 기입하여 시정촌에 입소 신청을 하면, 시정촌에서는 적합한 보육소를 선정하여 부모에게 연락하고, 보육소 입소

후 보육료를 시정촌에 직접 납부한다. 이 과정에서 보육소 결정, 보육료 납부 등이 모두 시정촌의 책임하에 있다.

정부가 지원하는 보육예산은 2004년을 기점으로 일반재원과 후생노동성의 보육대책 예산으로 분리 운영되고 있다. 추가로 2017년 후생노동성에서 대기아동을 위해 101,314백만 엔을 지원하였고, 아동수당 1조 4,007억 엔을 포함한 아동·자녀양육 신제도 실시를 위한 2조 4,487억 엔은 내무부에서 지원하였다.

일본의 보육료는 각 시정촌에서 영유아의 연령과 보호자의 소득수준에 따라 단계적으로 책정한다. 「아동복지법」 제24조는 부모가 보육할 수 없는 상황에 놓인 아동에 대해 시정촌이 책임지고 이들을 보육소에 입소시키고 보육서비스를 제공해야 한다고 규정한다(유해미, 유희정, 장경희, 2011). 또한 국가와 지자체는 일정 수준 이상의 보육서비스 제공을 보장하고 재원을 확보할 책임을 진다. 이처럼 일본은 공적 책임과 비용으로 보육제도가 운영되기 때문에 입소 자격을 엄격하게 제한한다.

2. 유아교육·보육 기관

일본의 취학 전 교육은 「학교교육법」에 의한 유치원과 「아동복지법」에 의한 보육소에서 실시된다. 유치원은 만 3세부터 취학 전 유아의 교육을 담당하고, 문부과학성 소속이다. 보육소는 취학 전 모든 연령을 담당하고, 후생노동성 소속이다. 그러나 맞벌이 가정의 증가로 인해 종일제 교육을 하는 유치원이 증가하고, 보육소에서도 교육을 중요시하면서 두 기관의 기능이 유사해짐에 따라 두 기관을 분리 운영하는 이원화 체제는 교육경비의 이중투입, 교육의 불공평성 등의 문제를 야기한다는 인식이 제기되었다. 이에 2011년 8월 취학 전 아동

[그림 2-11] 일본의 영유아 교육 · 보육 기관 통학버스

출처: https://www.insight.co.kr/.

에 대한 교육, 보육 등의 종합적인 서비스 제공을 촉진하기 위한 법률을 일부 개정(법률 제66호)하면서 후생노동성에서 유아교육과 보육을 담당하는 독립기관인 '유보연계형 인정어린이원'의 설립을 위한 근간을 마련하였다(김은영, 김길숙, 이연주, 2014). 이에 따라 2015년 4월부터 시행된 인정어린이원 제도로의 원활한 이행을 위해서 시행 후 5년간 특례제도가 마련되었다.

일본의 보육소는 1955년부터 시작된 일본의 고도성장과 더불어 급격히 증가하였다. 1970년대까지 공립보육소 위주로 증설되었으나, 1980년대 정부의 억제정책으로 그 수가 감소하였고, 2000년대 이후 여성의 사회진출이 증가하면서 다시 증가하였다. 일본의 공립보육소 비율은 1975년 64%에서 2010년 47%, 2014년 39%로 계속 감소하였고, 공립보육소의 수 역시 1982년을 정점으로 지속적으로 감소하였다.

유치원은 1947년 제정된 「학교교육법」을 따르는데, 1980년 이후 저출산 현상으로 유치원 원아 수와 기관 수가 크게 감소하였다. 유치원 수는 1985년 15,220개소로 가장 많았고, 2015년에는 11,674개소로 급격히 감소하였으며, 원아 수 역시 1978년 2,497,730명을 기점으로 지속적으로 감소하였다. 한편, 유치원 재원 아동 중 3세 아동이 차지하는 비율은 점차 증가하였고, 보육 기능을 갖춘 유치원은 2008년 9,846개소로 높은 비율을 차지하였다.

한국

일본

미국

영국

프랑스

독일

스웨덴

〈표 2-5〉 보육소, 유치원, 인정어린이원 비교(2018년)

구분	보육소	유치원	인정어린이원
관할	후생노동성	문부과학성	내각부, 문부과학성, 후생노동성
근거 법령	아동복지법	학교교육법	취학 전 아동에 관한 교육, 보육 등 종합적인 제공 추진에 관한 법률
목적	매일 보호자로부터 위탁을 받아 보육이 필요한 영유아 보육 (아동복지법 제39조)	유아를 교육하고 적절한 환경을 제공하여 심신의 발달 지원 (학교법 제22조)	유치원 및 보육소 등 초등학교 취학 전 아동에 대한 교육 및 보육, 보호자에 대한 육아 지원의 종합적 실시
설립자	지방공공단체, 사회복지법인 등 설립 시 지사의 허가 필요. 최근에는 사회복지법인 이외의 기업, 학교법인 등의 설립도 허용	정부, 지방공공단체, 학교법인 등 기초자치단체가 설립하는 유치원의 경우에는 광역자치단체 교육위원회의 허가, 사립유치원의 경우에는 지사의 허가 필요	• 유보연계형: 인가 보육소와 인가유치원이 연계해서 운영 • 유치원형: 인가 유치원이 보육을 필요로 하는 아동을 위해 장시간 보육을 하거나 0세 이상 아동을 보육하는 등 보육소 기능 겸비 • 보육소형: 인가 보육소가 보육을 필요로 하는 아동 이외의 아동도 수용 • 지방재량형: 상기 이외
설립 및 운영 기준	아동복지시설 최저 기준	유치원 설립 기준	광역자치단체에서 인정하는 인가 기준
대상	보육을 필요로 하는 영유아 및 아동(아동은 18세 미만까지 포함되지만, 일반적으로는 만 0~5세 영유아 대상)	만 3세에서 초등학교 입학에 이르기까지의 유아	보육을 필요로 하는 아동과 보육소 이용 기준이 적용되지 않는 보호자의 자녀 대상. 모든 육아 가구를 대상으로 육아에 대한 상담 실시
교육 및 보육 내용 기준	보육소 보육 지침	유치원 교육 요령	보육소 보육 지침에 근거해 보육 유치원 교육 요령에 근거해 교육
1일 보육 및 교육시간	8시간(원칙)	4시간(원칙)	4시간 이용, 11시간 이용

출처: 김명중(2018).

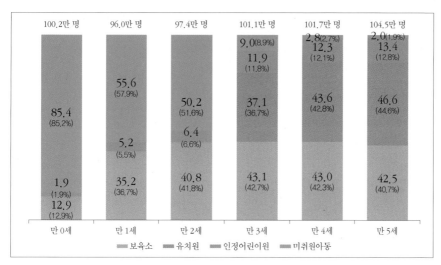

[그림 2-12] 보육소와 유치원의 연령별 이용자 수 및 비율(2017년)

출처: 내각부, 문부과학성, 후생노동성(2018).

3. 유아교육 · 보육 프로그램

1) 유치원 교육과정

일본 유치원 교육의 목표는 다음과 같다. 첫째, 건강, 안전하고 행복한 생활을 위해 필요한 기본적인 습관을 기르고, 신체 모든 기능의 조화로운 발달을 돕는다. 둘째, 집단생활에 즐겁게 참여하는 태도를 기르고, 가족이나 주변 사람들에 대한 신뢰감을 높이고, 자주, 자율과 협동 정신 및 규범 의식을 함양한다. 셋째, 주변의 사회생활, 생명 및 자연에 대한 흥미를 기르고 이에 대한 올바른 이해와 태도 및 사고력을 키운다. 넷째, 일상 회화나 그림책, 동화 등과 친숙해짐으로써 언어의 사용방법을 바르게 지도하고, 상대방의 말을 이해하려는 태도를 기른다. 마지막으로, 음악, 신체에 의한 표현, 조형 등에 가까워짐으로써 풍부한 감성과

표현력을 기른다. 유치원 교육의 목표에 따라 일본의 유치원 교육과정은 5개 내용영역으로 구성되고, 내용영역별로 교육내용 항목을 제시하고 있다.

〈표 2-6〉 일본 오사카의 아와 유치원 하루 일과

시간	일과 내용
7:30	보육 개시
9:20	등원
10:00	인증보육(교육활동)
12:00	점심
14:00	하원
18:30	연장보육 종료

출처: 일본 오사카 아와 유치원(www.awaji-k.ed.jp/youchien/).

[그림 2-13] 일본 오사카의 아와 유치원

출처: 일본 오사카 아와 유치원(www.awaji-k.ed.jp/youchien/).

2) 보육소 보육과정

일본의 보육소는 지역사회 내 자녀양육 지원 거점으로 초기에는 아동복지 시설에 입소한 영유아를 대상으로 보육을 담당했으나, 현재는 지역사회 자녀양육 지원의 중추기관으로 자리매김하였다(최미미, 2017).

일본 보육소 보육지침의 목표는 5가지이다. 첫째, 잘 양호할 수 있는 환경과 여유 있는 분위기에서 아동의 여러 가지 욕구를 적절히 충족시켜 주고, 생명의 유지와 정서 안정을 도모한다. 둘째, 건강, 안전 등의 생활에 필요한 기본적인 습관이나 태도를 기르고, 심신의 건강에 대한 기초를 함양한다. 셋째, 자연이나 사회, 사상에 대한 흥미나 관심을 기르고 이에 대한 풍부한 심정과 사고력의 기초를 함양한다. 넷째, 생활하는 가운데 언어에 대한 흥미나 관심을 기르고, 즐겁게 말하고 듣는 태도와 풍부한 언어능력을 함양한다. 다섯째, 여러 가지 체험을 통하여 풍부한 감성을 기르고 창조력의 기초를 함양한다(박진옥, 최순자, 윤매자, 2007).

[그림 2-14] 일본 오사카의 아와 보육소

출처: 일본 오사카 아와 보육소(www.awaji-k.ed.jp/hoikuen/).

〈표 2–7〉 일본 오사카의 아와 보육소 하루일과

시간	일과 내용
7:00	보육 개시
9:00	체조
9:30	오전 간식
10:00	인증보육(교육활동)
11:30	점심
13:00	낮잠
15:00	오후 간식
15:30	야외놀이
16:00	하원(보육 단시간 인정)
18:00	하원(보육 표준시간 인정)
19:00	연장보육 종료

출처: 일본 오사카 아와 보육소(www.awaji-k.ed.jp/hoikuen/).

[그림 2–15] 일본의 보육소

출처: EBS 세계의 교육현장–일본의 유아교육, 기적을 부르는 4개의 스위치(2010. 9. 15.).

3) 인정어린이원 교육과정

일본의 유보일원화 방안의 하나로 신설된 인정어린이원은 2007년부터 도도부현에서 보육과 교육을 동시에 제공함으로써 지역의 자녀양육을 지원하는 기관으로 인가를 받아 설립 · 운영되고 있다. 인정어린이원은 인가유치원과 인가보육소가 인정받은 유보연계형, 인가유치원이 인정받은 유치원형, 인가보육소가 인정받은 보육소형, 기존에 인가를 받지 않은 유치원과 보육소가 인정받은 지방재량형의 네 가지 유형으로 구분된다.

인정어린이원 교육과정은 0~5세 영유아에게 일관되게 적용되어 교육 · 보육요령은 교육 4시간, 보육 8시간 기준으로 구분된다. 일본의 유보연계형 교육 · 보육요령은 맞벌이 가정 어머니의 요구에 맞춘 보육적 의미를 가진다(이성한, 2016).

[그림 2-16] 일본 고베시의 야생화 인정어린이원

출처: 일본 고베시 야생화 인정어린이원(http://hyogo-hoiku.jp/category/wildflowers).

한국

일본

미국

영국

프랑스

독일

스웨덴

〈표 2-8〉 일본 고베시의 야생화 인정어린이원 하루 일과

시간	일과 내용
7:00	보육개시 및 새벽 보육
8:00	보육 표준시간 시작(2호 · 3호)
8:30	보육 단시간 시작(2호 · 3호)
9:00	교육 표준시간 시작(1호)
9:30	오전 간식
10:00	교육활동 및 자유놀이
11:30	점심
12:30	낮잠 및 자유놀이
14:00	교육 표준시간 종료(1호), 오후 모임(4, 5세아) · 낮잠(3세아)
14:45	오후 간식
15:45	순차적 하원
16:30	보육 단시간 종료(2호 · 3호)
18:00	보육 표준시간 종료(2호 · 3호) · 연장보육
19:00	연장보육 종료

-1호 인정(교육 표준시간 인정): 만 3세 이상의 초등학교 취한 전 아동으로 학교 교육만을 받는 아동
-2호 인정(보육 인정): 만 3세 이상의 초등학교 취학 전 아동으로 보육을 필요로 하는 아동
-3호 인정(보육 인정): 만 3세 미만의 보육을 필요로 하는 아동
출처: 일본 고베시 야생화 인정어린이원(http://hyogo-hoiku.jp/category/wildflowers).

4. 유아교육 · 보육 교사

1) 유치원교사 양성과정

　일본의 유치원 교원 양성과정은 직접 양성방식과 간접 양성방식으로 구분된다. 직접 양성방식은 국가에서 유치원 교원양성과정을 인정하는 대학 또는 단기대학에 입학한 후 「교원면허법」에 규정된 과목을 이수함으로서 면허를 취득하는 방식이다. 이 경우 보통면허장과 임시면허장의 2종류가 있고, 보통면허장은 석사과정에서 교과 또는 교직 과목 24학점을 추가 이수하면 취득 가능한 전수면허장, 4년제 대학에서 59학점 이상 이수 후 취득 가능한 1종 면허장, 단기대학에서 39학점 이상 이수 후 취득 가능한 2종 면허장으로 나뉜다(강란혜, 2008).

　간접 양성방식은 유치원교사 2종 면허장을 소지하고 있는 자가 유치원교사로서 일정 기간 현장에 근무하면서 연수 또는 소정의 단위를 이수하고, 교육직원 검정시험에 합격하여 면허를 취득하는 방식으로 2종 면허장을 받게 된다. 또한 임시면허장을 가지고 유치원에서 일정 기간 현장 경험을 이수한 자도 동일한 방법으로 2종 면허장을 취득할 수 있다(이선옥, 2008).

[그림 2-17] 일본의 유치원과 유치원교사

반면, 보육사 자격증이 있는 교사가 유치원교사 면허장을 취득하기 위해서는 3년 또는 4,320시간 보육사로서의 근무경험과 함께 대학에서 8학점을 이수하고, 각 도도부현 교육위원회의 교육지원 검정시험에 합격해야 유치원교사 면허장을 취득할 수 있다. 구체적으로 학사학위 소지자인 경우 1종 면허장을, 단기대학 또는 직업전문학교를 졸업한 경우에는 2종 면허장을 취득하게 된다.

2) 보육사 양성과정

일본은 「아동복지법」에 보육사의 자격 및 역할 등에 대해 규정되어 있다. 보육사는 전문적인 지식과 기술을 가지고 아동의 보육 및 아동의 보호자에 대한 보육 관련 지도를 실시하는 것을 주요업무로 하는 자를 말하며, 법조항에 따르면 보육사는 영유아 보육소에서의 교사 역할을 넘어 일종의 사회복지사와 유사한 역할까지 담당하는 것으로 규정된다. 보육사 자격을 취득하기 위해서는 후생노동성에서 지정한 보육사양성학교 또는 양성시설을 졸업하거나 보육사 시험에 합격해야 한다.

보육사는 4년제 대학, 2·3년제 단기대학, 직업전문학교인 보육사양성시설에서 68학점을 이수하거나 보육사 시험을 통해서 모두 동일한 보육사 자격증을 취득할 수 있다. 보육사 시험을 볼 수 있는 자격은 직업전문학교 졸업자, 고등학교 졸업 후 2년의 실무경력이 있는 자, 또는 중학교 졸업 후 5년의 실무경력이 있는 자이다. 보육사 자격취득 요건은 유치원교사 면허장이 있는 교사의 실무경험 유무에 따라서 달라진다. 유치원교사 면허장이 있으나 실무경험이 없는 경우는 34학점을 이수해야 하지만, 국가에서 지정한 기관에서의 보육경험이 있는 경우에는 8학점만 이수하면 된다. 한편, 유치원교사 면허장이 있는 교사가 필기시험을 통해서 보육사 자격증을 취득하고자 할 경우, 실무경험이 없으면 필기시험 9과목 중 2과목과 실기시험이 면제되고, 실무경험이 있으면 필기시험 9과목 중 3과목과 실기시험이 면제된다(김은영 외, 2014).

3) 인정어린이원 교사 양성과정

일본은 유아교육과 보육의 이원화된 체제를 일원화시키기 위한 노력의 일환으로 새로운 '유보연계형 인정어린이원' 제도를 2015년부터 시행하고, 교사의 명칭을 '보육교사'로 명명하며, 유치원교사 면허장과 보육사 자격증을 모두 소지할 것을 원칙으로 규정하였다. 그러나 현재 일본의 유아교육과 보육 분야에 종사하는 유치원교사 또는 보육사의 25%가 하나의 면허장 또는 자격증만 소지하고 있기 때문에 특례제도를 마련하여 2019년 말까지는 유치원교사 면허장 또는 보육사 자격증 중 하나만 소지한 경우에도 보육교사가 될 수 있도록 인정하는 경과조치를 마련하였다.

4) 교사처우

일본도 대부분의 국가와 마찬가지로 보육사의 처우가 좋은 편은 아니며, 급여 또한 다른 직업군에 비해 낮은 실정이다. 일본의 보육사는 인가 보육소와 인가외 보육소에서 근무할 수 있는데, 인가 보육소에 해당하는 공립보육소에 근무할 경우 지방공무원 신분으로 근무하며, 급여도 공무원 기준의 금액을 받는다. 반면, 2012년 후생노동성에서 조사한 임금구조기본통계에 따르면, 사립보육소에 근무하는 보육사의 월 평균 급여는 214,200엔, 평균 연봉은 약 3,150,000엔으로 다른 업종의 월 평균 급여보다 약 9만 엔 정도 낮은 것으로 조사되었고, 2013년 직업안정소에서 예비보육사를 대상으로 보육사로 근무하고 싶지 않은 이유를 조사했을 때 47.5%가 '급여가 낮아서'라고 응답하였다.

한국
일본
미국
영국
프랑스
독일
스웨덴

Epilogue ✏️

일본은 유아교육과 보육을 구분하여 보육은 후생노동성이, 교육은 문부과
학성이 관장하는 이원화 체제를 유지한다. 유아교육과 보육을 통합하려는 시
도의 일환으로 유아교육과 보육이 통합된 형태로 제공되는 기관인 인정어린
이원 제도를 시행하였으나, 관할 행정부처의 이원화 체제 유지로 인한 행·재
정적 이원화가 계속되어 유아교육과 보육의 통합이 성공적으로 안착하지 못
한 상황이다. 교육과정 역시 이원화되어 있어 보육소에서 사용하는 0~5세를
위한 국가수준의 보육과정과 유치원에서 사용하는 3~5세를 위한 교육과정이
있다. 일본의 교사는 보육소에서 근무하는 보육사와 유치원에서 근무하는 유
치원교사로 나뉘며, 각 교사가 소속된 부처는 구분되어 있으나 양성기관 및 체
계, 자격요건은 동일하다. 한편, 0~5세 영유아를 담당하는 인정어린이원 교사
에게는 유치원교사와 보육사 자격을 모두 취득하도록 권고한다.

참고문헌

강란혜(2008). 일본의 유보일원화 종합시설(인정어린이원)에 관한 동향과 과제. 한국
　　보육지원학회, 4(2), 110-127.

강현구, 이순형(2014). 한국과 일본 영유아 보육 제도 비교연구. 아시아리뷰, 4(1), 139-167.

곽노의(1996). 비교유아교육론. 서울: 양서원.

김경석(2012). 일본의 아동수당법 개정. 세종: 한국법제연구원.

김명중(2018). 일본 정부의 유아교육 및 보육 무상화 정책. 국제사회보장리뷰, 겨울 7호,
　　141-151.

김성아, 김태완(2015). 일본의 아동수당과 한국의 가정양육수당 비교. 보건복지포럼,
　　248, 85-96.

김은영, 김길숙, 이연주(2014). 유치원과 어린이집 교사 자격 및 양성 관련 체제 분석. 서
　　울: 육아정책연구소.

내각부, 문부과학성, 후생노동성(2016). 아동 · 자녀양육 신제도.

내각부, 문부과학성, 후생노동성(2018). 인가 외 보육소 · 유치원 보육의 현황.

박은혜, 장민영(2014). 통합 요소별로 살펴본 8개국의 유아교육과 보육 통합 현황 비
　　교-노르웨이, 뉴질랜드, 덴마크, 스웨덴, 영국, 일본, 프랑스, 핀란드. 교육과학연
　　구, 45(1), 149-180.

박진옥, 최순자, 윤매자(2007). 한국의 표준보육과정과 일본 보육소보육지침의 비교.
　　유아교육 · 보육행정연구, 11(4), 237-266.

백성숙(2017). 보육교사 양성 교육과정 및 보수교육 개선방향. 목포대학교 대학원 석
　　사학위 청구논문.

손유진, 전윤숙(2016). 일본과 한국의 유치원, 어린이집 교사 양성 체제 분석. 일본근대
　　학연구, 54, 509-524.

양옥승(2011). 국가수준 영유아교육과정에 대한 국제비교. 유아교육연구, 31(1), 309.

유해미, 유희정, 장경희(2011). 일본의 보육정책 동향(II): 세계육아정책동향 시리즈 II. 서

한국
일본
미국
영국
프랑스
독일
스웨덴

울: 육아정책연구소.

이선옥(2008). 일본의 유아교사 양성제도에 관한 고찰. 한국일본교육학연구, 12(2), 115-133.

이성한(2016). 일본의 유보연계형 인정어린이원 교육·보육요령 탐구−교육·보육요 령의 목표와 내용을 중심으로. 한국일본교육학연구, 21(1), 37-58.

장경희(2016). 일본 보육정책의 최근 동향과 과제. 일본연구논총, 43, 31-64.

전일주, 최영진(2010). 일본 아동부양수당제도에 관한 연구. 원광법학, 26(4), 229-254.

전일주, 최영진(2015). 일본 아동수당법의 내용과 시사점. 법학연구, 23(2), 179-206.

정미라, 손충기(2009). 한국과 일본의 새 국가수준 유치원 교육과정의 비교. 아동교육, 18(2), 203.

조선뉴스프레스(2017. 3. 2.). 日 '보육대란'에 뜨는 색다른 보육서비스.

최미미(2017). 일본 자녀양육지원정책의 변화와 보육소의 지역사회개방. 비교교육연 구, 27(4), 285-310.

한경닷컴(2006. 12. 27.). 일본의 저출산대책 도입 시기.

허핑턴코리아(2016. 3. 30.). 남성 출산휴가제도가 가장 훌륭한 상위 5개 국가.

현대경제연구원(2014). 여성의 일가정 양립과 사회자본-국제비교를 통한 시사점. http://www.hri.co.kr

EBS 세계의 교육현장−일본의 유아교육, 기적을 부르는 4개의 스위치(2010. 9. 15.). www.youtube.com/watch?v=gYHk6tS9J60&index=2&list=PLTHJdrQZEevNSfXL MRgYaw7ukPmwZNrbw

국가통계포털(kosis.kr)

니혼게이자이신문(www.nikkei.com)

일본 고베시 야생화 인정어린이원(http://hyogo-hoiku.jp/category/wildflowers)

일본 문부과학성(www.mext.go.jp)

일본 오사카 아와 보육소(www.awaji-k.ed.jp/hoikuen/)

일본 오사카 아와 유치원(www.awaji-k.ed.jp/youchien/)

일본 정부관광국(www.welcometojapan.or.kr)

일본 후생노동성(www.mhlw.go.jp)

National Institute of Population and Social Security Research 홈페이지(http://www.ipss.go.jp/index-e.asp)

www.pref.saga.lg.jp

http://www.city.kurume.fukuoka.jp/

한국

일본

미국

영국

프랑스

독일

스웨덴

Chapter 03

미국 United States of America

Prologue

미국의 상징 '자유의 여신상'

용감하게 자유를 찾아 온 이민자가 세운 미국에서는 자유와 용기가 문화와 역사의 근간을 이룬다. 부모와 자녀의 관계가 매우 독립적이어서 자녀의 교육이나 결혼에 부모의 간섭이 적으며, 자녀가 고등학교를 졸업함과 동시에 부모로부터 일찍 독립한다. 미국은 이민자들이 모여 만들어진 국가로 다양한 인종의 사람들이 모여 살기에 법과 질서를 중요하게 여긴다. 미국인은 준법정신이 투철하여 법과 질서를 중시하는 반면, 개인의 사생활은 매우 자유롭다. 미국인은 법을 지키지 않거나 자신의 사생활이 침해받는 것을 싫어한다.

Ⅰ. 개요 및 역사적 맥락

1. 개요

미국(美國)의 정식 명칭은 미합중국[美合衆國, 영어: United States of America (유나이티드 스테이츠 오브 아메리카)]으로 50개의 주와 하나의 특별 구로 이루어진 연방제 공화국이다. 연방주의는 여러 나라가 독립된 법체계와 제도를 유지하면서 하나의 주권 아래 연합하고 있음을 의미하는데, 독립된 법체계의 단위들이 하나의 주권 아래 연합하면서도 일정 수준 자기만의 주권을 유지한다.

미국의 면적은 9,833,517㎢로 러시아, 캐나다에 이어 세계에서 세 번째로 넓은 국가이고, 중국, 인도 다음으로 인구가 많으며, 세계 최대의 다민족국가이다. 2017년 기준 미국 인구는 326,625,791명이며, 국가 경제의 지표가 되는 GDP는 세계 최고 수준이다.

[그림 3-1] 미국 국기

1) 인구와 언어

이민자의 나라인 미국은 다양한 민족으로 구성되어 있으며, 대부분의 주에서는 백인이 다수를 차지하지만, 서부 캘리포니아와 같은 일부 주에서는 아시아계 및 히스패닉계가 다수를 차지한다. 2017년 기준 미국의 민족구성 비율은 백인이 60.7%로 가장 높은 비율을 차지하고 있으며, 다음으로 히스패닉계 18.1%, 흑인 13.4%, 아시아인 5.8% 순이다.

[그림 3-2] 미국의 민족구성 비율(2017년)

출처: 서울신문(2018. 10. 7.).

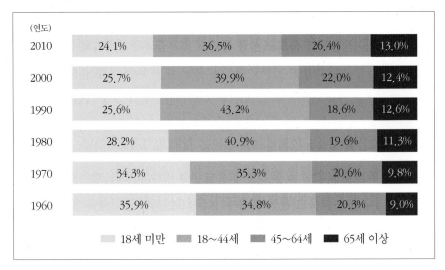

[그림 3-3] 미국의 연령별 인구분포

출처: 미국 통계청(www.census.gov).

　　미국은 공용어를 별도로 지정하지는 않았지만, 영어가 사실상의 공용어로 입법, 사법, 행정 등에서 사용되고 있다. 네브래스카주, 노스다코타주, 노스캐롤라이나주, 뉴햄프셔주, 매사추세츠주, 몬태나주, 미시시피주, 미주리주, 버지니아주, 사우스다코타주, 사우스캐롤라이나주, 아이오와주, 아칸소주, 알래스카주, 앨라배마주, 와이오밍주, 웨스트버지니아주, 유타주, 인디애나주, 일리노이주, 조지아주, 캘리포니아주, 켄터키주, 콜로라도주, 테네시주, 플로리다주, 미국령 버진아일랜드에서는 별도로 영어를 공용어로 채택하고 있으며, 일부 주와 지역에서는 두 가지 언어를 공용어로 채택하고 있다.

한국

일본

미국

영국

프랑스

독일

스웨덴

스페인어
영어
포르투갈어
프랑스어
네덜란드어
마야어, 파피아멘토어
누아틀어
케추아어(룩셈부르크어)
구아라니어
아이마라어
마푸체어
나바이오어와 아파치어
수어
체로키어
이누이트어
아이티 크리올어
오스트레일리아어
(하와이어, 일로카노어, 자바어, 타갈로그어)

[그림 3-4] 아메리카 대륙의 언어분포도

2) 대두되는 문제점

　세계적인 추세인 저출산과 고령화 문제에서 미국도 예외는 아니다. 미국의 2016년 합계 출산율은 1.87명으로 저출산에 따른 인구 감소, 그리고 인구고령화 현상은 미국 내에서도 사회문제로 대두되고 있다. 또한 최근 들어 이혼율이 감소하고 있기는 하지만 여전히 높은 편이며 혼외자녀 출산율도 높다. 가족유형에서 한부모가정이 차지하는 비율과 취업모 중 미혼모가정의 비율도 높은 편이다. 미혼모가정의 자녀는 대부분 경제적인 어려움을 겪고 있으며, 미국 전역의 저소득층에서 여성과 아동이 차지하는 비율은 증가하는 추세이다. 이러한 이유로 미국 아동의 교육에 있어서도 빈부 격차가 심하게 나타나 사회문제로 대두되었다.

2. 역사적 맥락

[그림 3-5] 이사벨라 그래함
(Isabella Graham, 1742~1814)

미국에서는 자녀양육을 개인이 책임지는 사적 영역이라고 보는 자유주의적 시각이 역사적으로 지배적이었으며, 아동복지 차원에서도 사전 예방적 접근보다는 사후 보완적 접근이 우세하였다. 가족법은 전반적으로 주정부의 자치가 강하게 작용하는 영역으로 연방정부는 주로 예산지원을 통해 주정부의 정책에 관여한다. 이러한 미국 사회의 분위기로 인해 19세기경 이사벨라 그래함이 최초의 보육기관인 고아원협회를 설립하면서 보육시설은 민간 차원에서 시작되었고, 자선사업을 중심으로 발전하였기 때문에 사회적 취약계층을 중심으로 정책 방향이 전개되었다.

1) 자선의 시기(1828~1854년)

유럽의 전통적 보육제도에 영향을 받은 미국의 보육은 가족의 책임하에 이루어져야 하는 사적 영역이라는 생각이 지배적이었다. 1930년대 경제공황으로 인해 정부가 직접적인 역할을 담당하기 전까지 보육은 빈곤 아동을 대상으로 자선차원에서 제공하는 것으로 인식되었고, 대부분 지역사회의 자선단체에서 보육서비스를 제공하는 사적인 형태로 운영되었다.

[그림 3-6] 미국의 경제공황

출처: http://techbuddha.wordpress.com.

1815~1860년 이민자가정의 증가로 보육시설이 설립되기 시작하였다. 이 시기 보육시설에 다니는 아동은 이민자가정과 취업모가정의 자녀로 대부분 저소득층이었다. 초기 보육의 목적은 빈곤가정 아동을 일시적으로 보호하는 것과 이민자가정 아동을 미국 시민으로 적응시키는 것이었다.

[그림 3-7] 미국의 초기 이민자

출처: 프랑스 국립중앙도서관.

2) 확장기(1854~1930년대)

1854년 설립된 뉴욕의 아동병원 부설탁아소가 미국 탁아의 출발점이며, 미국 정부에서는 1868년 연방정부 부처 간 탁아 필수요건(Federal Interagency

Day Care Requirement: FIDCR)을 발표하여 교직원의 훈련 수준, 안전 및 위생, 건강 및 영양, 교육 및 사회서비스, 부모 참여, 교사 대 아동 비율, 집단 크기 등을 명시하였다.

　1856년 프뢰벨 유치원교사 양성소 출신의 독일계 미국인 슐츠 여사가 독일 이민자 자녀를 위해 유치원을 설립하였다. 이후 1860년 미국에서 다양한 유치원 프로그램이 운영되기 시작하였고, 초기 유치원 교육은 미국으로 이민 온 다양한 민족이 문화와 언어의 차이로 인한 사회적 의사소통의 어려움을 해소시켜 주기 위해 사회개혁적인 의도에서 이루어졌다. 미국의 유치원 교육은 1873년 공립유치원이 설립되면서부터 초등학교 교육과 연계되었고, 1880년에는 30개 주에 400개의 유치원이 설립되는 등 유치원 수가 급속히 증가하여 1892년 국제유치원연합이 조직되었다.

　유치원의 확장과 함께 영국으로부터 유아원(nursery school)이 도입되었다. 유아원은 5세 미만 아동을 대상으로 하는 기관으로, 스탠리 홀(Stanley Hall), 존 듀이(John Dewey), 손다이크(Thorndike) 등 아동발달 이론가의 연구를 토대로 운영되기 시작하였다. 1922년 보스턴에 러글스 스트리트 유아원(Ruggles Street Nursery School)이 최초로 설립되었고, 대학부속 실험학교로 성장하였다. 이 외에 빈곤가정 아동을 위한 탁아 프로그램을 제공하는 유아원도 설립되었다.

[그림 3-8] 보스턴 러글스 스트리트 유아원 전경
출처: 터프스 대학교 홈페이지(https://dl.tufts.edu).

3) 사회복지의 시기(1930~1950년대)

전쟁과 경제공황으로 인해 미국 내 세금 징수액이 줄어들자 공립학교의 운영기금이 부족하게 되었고, 이로 인해 많은 유치원이 폐원하게 되었다. 이와 달리, 빈곤아동과 장애아동에 대한 관심의 증가로 인해 유아원 수는 점차 증가하였다. 1933년 경제공황에 대한 대책으로 긴급탁아소(emergency day care)가 국고 부담으로 증설되었으며, 1935년 「사회보장법(Social Security Act)」과 함께 탁아에 대한 사회적 요구를 수용하여 1937년까지 1,900개의 탁아소가 공립학교 내에 설립되었다. 또한 연방정부는 공공사업촉진국(Works Project Administration: WPA)을 통해 유아원 확장에 공적 재정을 지원하였다. 그러나 WPA가 3년 만에 폐쇄되어 산하의 유아원은 1942년 방위·건강·복지서비스국으로 이관되었다.

제2차 세계대전 동안 전쟁 관련 산업에 여성의 노동력이 필요하게 되면서 유아원이 증가하였고, 1945년에는 150만 명 이상의 아동이 유아원에 다니게 되었으나, 제2차 세계대전 후 탁아기금이 철회되어 유아원이 감소하게 되었다. 이와 함께 시설에 수용된 고아들의 열악한 환경에 대한 인식과 존 볼비(John Bowlby)의 모성 박탈(maternal deprivation)에 대한 연구 등으로 가정에서 자녀가 양육되어야 한다는 논쟁이 1950년대에 부각됨에 따라 유아원과 탁아소의 신설이 감소하였고, 보육사업은 빈곤계층을 위한 사회서비스 수준에 머무르게 되었다.

한국
일본
미국
영국
프랑스
독일
스웨덴

[그림 3-9] 모성 경험이 결핍된 루마니아 고아

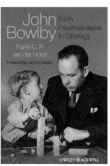

[그림 3-10] 존 볼비의
애착이론

4) 유아교육의 황금기(1960~1970년대)

사회서비스 차원으로 유지되던 보육사업은 1965년 저소득층 자녀를 위한 헤드 스타트(Head Start) 프로그램이 시작되면서 연방정부의 기금으로 운영되었다. 헤드 스타트는 저소득층 유아를 위한 보상교육 프로그램으로 연방정부의 주도하에 종합적인 유아교육 프로그램을 실시하여, 저소득층 가정 아동이나 이민자가정 아동의 학업성취도를 향상시키고자 시작된 프로그램이다. 기금 지원과 함께 하이 스코프, 카미-드브리스, 몬테소리, 뱅크 스트리트 등 다양한 유아교육 철학과 접근법의 개발 및 확산, 교육사상 및 이론의 유아교육현장 적용이 이루어지면서 유아교육의 황금기를 맞이하였다.

[그림 3-11] 미국 헤드 스타트 사무국

출처: www.acf.hhs.gov/ohs/about/head-start.

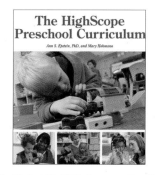

[그림 3-12] 하이 스코프 프로그램
교육과정 매뉴얼

출처: 하이 스코프 프로그램 홈페이지
(https://secure.highscope.org).

[그림 3-13] 뱅크 스트리트 프로그램에 참여 중인
유아들

출처: 뱅크 스트리트 홈페이지
(https://school.bankstreet.edu/about/at-a-
glance/).

1970년 백악관 회의에서 미국 가정이 당면한 가장 심각한 문제로 보육시설 문제가 선정된 이래 보육에 관한 제도적 보완이 이루어지면서 연방정부의 지원으로 주정부와 연방정부가 보육에 대한 관심을 공유하게 되었다. 1975년 「사회보장법」이 제정됨에 따라 보육은 정부 사회복지사업의 일부가 되었고, 관련법안의 제정으로 보육을 위한 정부기금을 합법적으로 사용할 수 있게 되었으나, 기금의 수혜 대상은 저소득층 자녀로 한정되었다. 1970년 이후 사립 보육시설의 증가로 보육시설에 다니는 유아 수는 30% 이상, 영아 수는 70% 이상 증가하였다.

5) 다양성의 시기(1980년대)

1980년대 들어 경제 침체로 인해 아동의 건강·영양·양육지원 프로그램에 대한 기금이 급격히 감소함으로써, 유아발달 지원 프로그램의 질적 측면보다 보호적 양육의 측면이 강조되었다.

**[그림 3-14] 미국 예비유치원(pre-k) 프로그램에
참여 중인 유아들**

출처: 월간유아 홈페이지(http://iyua.kidkids.net).

이 시기 공립학교에서는 4세 프로그램을 신설하여 취학연령을 낮추었고, 특별한 요구를 지닌 아동을 유아원이나 유치원에서 통합교육하고자 시도하였다. 4세 아동을 위한 예비유치원(pre-kindergarten)을 공립학교에 신설하거나, 유치원과 초등학교 1학년 사이에 전이학급(transitional 1st grade)을 신설하는 주가 증가하였다. 일부 주에서는 3세 아동을 위한 공립학교 프로그램을 계획하는 등 취학연령의 하향화가 확산되었다.

또한 보육사업이 다시 주정부와 민간에 의해 운영되는 방향으로 전환되었고, 연방정부 대신 주정부가 보육에 대한 주도권을 가짐에 따라 각 주마다 다양한 보육제도를 시행하게 되었다. 이 시기부터 부모는 보육 관련 세금 혜택을 정부로부터 받게 되었으며, 직장 보육시설과 방과 후 보육시설이 지속적으로 증가하였다.

6) 유아교육의 재확대기(1990년대 이후)

1990년 부시 대통령이 교육 개혁의 첫 단계로 '미국의 모든 취학 전 아동은 배울 자세를 갖춘 후 학교에 입학한다.'라는 목표를 설정한 이래 교육제도 전반에 걸친 통합적인 개혁을 추진하기 위한 기틀이 마련되었고, 교육이 국가의 최대 관심사로 부상하였다.

[그림 3-15] 1994년 교육목표 2000: 미국 교육개혁법 제정

출처: https://www.clintonfoundation.org.

　　1992년 클린턴 대통령은 모든 취학 전 아동에게 동등한 교육 기회를 제공하기 위해 저소득층, 소수민족, 이민자 자녀를 위한 유아교육 프로그램을 강화하겠다는 교육 공약을 발표하였다. 이후 1994년에「교육목표 2000: 미국 교육개혁법(Goals 2000: Educate America Act)」을 제정하여 교육이 주정부와 지방정부의 책임 사항임과 동시에 범국가적인 최고 관심사임을 주지시키고, 연방정부가 교육에 직접적인 지원을 제공하겠다는 의사를 밝혀 교육 전반에 대한 연방정부의 관심과 지지를 표명하였다. 이는 유아교육 관련 내용이 처음으로 미국 교육목표에 언급된 주요한 법이다.

　　1997년에는 '미국 교육을 위한 행동 강령'에서 조기 유아교육의 필요성을 주장하며 2002년까지 3~4세 유아를 우선 대상으로 하여 유아교육의 대상자를 백만 명으로 확대하였고, 0~2세 영아에게도 적용하는 조기 헤드 스타트 프로그램을 시행하게 되었다.

[그림 3-16] 2002년 1월 8일 「아동낙제방지법」에 서명하는 부시 대통령

출처: Wikimedia Commons.

II. 양육지원

1. 일 · 가정 양립

일 · 가정 양립이란 좁은 의미로는 기혼 여성이 경제활동과 출산을 포함한 가족 돌봄 영역을 동시에 수행 가능한지를 말하며, 넓은 의미로는 삶의 질적 측면을 중시하는 차원에서 일과 생활의 균형이라고 볼 수 있다(OECD, 2015).

[그림 3-17] 일 · 가정 양립

출처: 인터넷 경향신문(2017. 6. 19.).

미국은 여성 취업률이 높음에도 불구하고, 여성의 노동시장 참여를 지원하기 위한 사회적 차원의 보호 수준은 매우 낮다. 미국의 경우 2002년 기준 18세 미만 자녀가 있는 여성의 경제활동 참여율은 약 71%, 6~17세 자녀가 있는 여성의 경제활동 참여율은 72.2%, 취학 전 자녀가 있는 여성의 경제활동 참여율은 64.1%였다(Green Book, 2004). 2014년 기준 미국 여성의 경제활동 참여율은 67.1%로 OECD 국가 평균보다 높은 편이다(OECD, 2015).

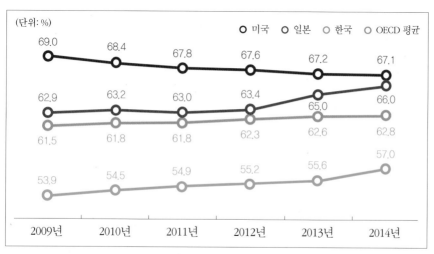

[그림 3-18] OECD 주요 국가의 여성 경제활동 참여율

출처: OECD(2015).

　미국은 법령의 정비를 통해 일·가정 양립 정책을 마련하였다. 법적 제도 측면에서 미국은 여성 및 소수집단의 경제활동 참여에 대한 법적 장치 마련에 선도적이었고, 강력한 여성운동을 바탕으로 여성과 남성의 '다름'보다 '같음'을 강조하는 사회적 분위기와 더불어 고용기회의 평등을 주장하였다. 특히 1960년대 케네디-존슨 집권기부터 시작된 적극적인 차별수정조치(Affirmative Action)와 「고용평등법(Equal Opportunity Act, 1972)」 제정 등을 통해 여성, 특히

고학력 여성의 전문관리직 진출이 비교적 활발하게 이루어졌다(이주희, 2005). 가족친화 및 일·가정 양립 정책은 1993년 제정된 「가족 및 의료 휴가법(The Family and Medical Leave Act of 1993)」 이후 본격적으로 시작되었다. 이 법의 휴가제도에 따르면 근속연수 1년 이상인 근로자는 1년 동안 12주의 휴가를 사용할 수 있으며, 출산휴가, 병가 등이 여기에 포함되었으나, 유급이 아닌 무급휴가라는 점에서 불완전한 제도로 볼 수 있다.

미국의 경우 연방정부 차원의 유급 육아휴직제도는 시행되고 있지 않아서 미국의 일·가정 양립 정책은 연방정부가 아닌 기업의 책임하에 발전하였는데, 탄력근무제도, 육아프로그램, 육아휴가제도 등이 대표적이다. 미국 특유의 유연한 시장환경과 치열한 기업경쟁 속에서 유능한 인력을 확보하고 유지하기 위해서는 효율적인 인사관리 전략이 필요하였고, 이러한 측면에서 가족 친화적 경영정책을 적극 도입하였다. 특히 1997년 클린턴 대통령이 기업의 사회적 책임을 강조하고 '가족 친화적 기업에 대한 제안'을 발표하면서 일·가정 양립에 대한 관심과 정책이 본격화되었다.

[그림 3-19] 기혼여성의 일·가정 양립

출처: 하퍼스 바자 코리아 홈페이지(http://harpersbazaar.co.kr/life).

2. 양육정책

　미국 정부는 자녀양육의 문제를 개인의 사적인 영역으로 간주하고, 보육문제에 정부가 직접 관여하는 일괄적인 정책을 시행하지는 않으며, 국가는 간접적인 형태로 자녀양육을 지원하고 있다. GDP가 세계 최대 수준인 경제대국 미국의 육아정책은 복지 선진국인 유럽국가들에 비해 많이 뒤처져 있다.

　여성의 경제참여가 활발하게 이루어지고 있음에도 불구하고, 미국에서는 정부 차원 지원이 부족한 실정이며, 임신·출산·육아에 대한 일차적 책임이 개인이나 가족에게 있음을 여전히 강조하고 있어 여성 스스로 이러한 문제를 해결하는 것이 최선의 해결방안이다. 이러한 미국의 정책적 문제는 최근까지도 지속되어 미국은 가족정책, 아동정책, 보육정책에서 다른 유럽국가와 비교해 매우 뒤처져 있는 상황으로 평가된다(Gornick & Meyers, 2003; Kamerman & Kahn, 2001).

　미국의 자녀출산과 육아휴직·휴가제도의 경우「가족 및 의료 휴가법」에 의해 연방정부 차원에서의 제도적 장치는 마련되어 있지만, 실제적으로는 이러한 제도를 이용할 경우 여러 가지 불이익이 발생하여 기업과 직장인이 이용하기 어려운 실정이다. 호주가 2010년「육아휴직법」을 통과시킴에 따라 미국은 OECD 국가 중 유급 육아휴직을 인정하지 않는 유일한 국가가 되었다.

〈표 3-1〉 미국, 독일, 스웨덴의 법정 유급 출산 전후 휴가 제도(2016년)

국가	기간	급여 자격	급여 수준
미국	법정 수급권 없음	해당 없음	연방정부 권한 없음
독일	14주	모든 여성 근로자	소득의 100%
스웨덴	14주	모든 여성 근로자	무급이지만 육아휴가 수준에서 수령

출처: 전세진(2019).

　　연방정부 차원에서는 유급 육아휴직제도가 시행되고 있지 않으나, 일부 주에서는 유급 육아휴직제도를 마련하였다. 2002년 캘리포니아주는 요건을 갖춘 일부 근로자에게 유급 가족휴가를 허용하는 법안을 통과시켰다. 육아를 위해 휴직이 가능한 이 제도는 여러 국가에서 시행하고 있는 제도이나, 미국에서는 최초로 시행된 사례였다. 이 제도는 기존 연방 복지제도와 마찬가지로 근로자들의 급여 중 일부를 미리 적립하였다가, 가족을 간호하거나 자녀를 양육해야 할 경우 유급휴가를 사용하는 제도이다. 새로운 법에 따라 캘리포니아주에서 자녀를 출산한 부모는 통상 임금의 55%를 받으며 6주간 휴직할 수 있게 되었다.

[그림 3-20] 아들과 함께 주지사 공약 발표에 참석한 캘리포니아 주지사

출처: 한국일보(2019. 1. 7.).

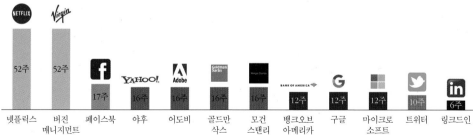

[그림 3-21] 미국 주요 기업의 유급 육아휴직 현황

출처: 해럴드경제(2015. 8. 28.).

 2009년 뉴저지주는 캘리포니아주에 이어 두 번째로 유급 출산휴가 제도를 도입하였다. 전반적인 내용은 캘리포니아주와 유사하고, 최대 6주까지 유급출산휴가를 신청할 수 있으며, 2013년 기준 지급액 비율은 캘리포니아주보다 높은 통상임금의 66% 수준이지만, 최대 금액은 캘리포니아주보다 적은 주당 최고 584달러이다. 로드아일랜드주는 2014년부터 유급 출산휴가 제도를 도입하였는데, 기간은 캘리포니아주와 뉴저지주에 비해 짧은 최대 4주이다. 지급액 비율은 통상 임금의 60%로 캘리포니아주보다 높고 뉴저지주보다는 낮으며, 2014년 기준 최고액은 주당 752달러로 뉴저지주보다는 많지만, 캘리포니아주보다는 적다.

〈표 3-2〉 미국의 주별 유급 출산휴가 제도

주	도입 연도	기간	지급액 비율
캘리포니아주	2002년	6주	임금의 55%
뉴저지주	2009년	6주	임금의 66%
로드아일랜드주	2014년	4주	임금의 60%

Ⅲ. 유아교육 · 보육 현황

미국 유아교육 · 보육의 대표적인 특징은 공적 지원의 절대적인 부족과 시장화된 유아교육 · 보육의 이중 구조로 인해 이원화된 서비스가 제공되고 있다는 점이다. 미국의 유아교육 · 보육은 시장 경제 원리에 따른 상업적 서비스에 크게 의존하고 있으며, 일부 제공되는 공공서비스는 보편적인 서비스가 아닌 복지 혜택 차원에서 취약계층을 지원하는 성격이 강하다. 미국의 유아교육 · 보육은 포괄성 · 보편성이 결여된 저소득층 가정 아동, 장애아동 등 취약계층을 대상으로 하는 서비스를 제한적으로 제공한다. 또한 유아교육 · 보육서비스는 일원화된 단일체제로 운영되는 것이 아니라 유아교육이 보육과 혼합되어 있고, 영리와 비영리기관이 혼합되어 있으면서 분리된 제도로 운영되고 있어 일관된 교육철학과 보육철학을 제시하지 못하고 있다(Zylan, 2000).

미국 유아교육 · 보육 정책은 체계화되지 못하고 통합되지 않은 시스템으로 인해 많은 문제점이 대두하여 체계화와 통합을 위한 노력이 시도되었다. 먼저, 아동 · 가족 관련 통합 자료수집 체계를 마련하고자 1994년 6개의 관련 기관이 '아동가족통계 관련 연방정부기관 연합포럼(Federal Interagency Forum on Child and Family Statistics: FIFCFS)'을 설립하였다. FIFCFS는 아동 및 가족 관련자료를 수집하고 보고하는 데 있어서 조정 및 협력을 도모하고, 아동에 대한 정보를 정계와 국민에게 알리며, 주정부와 지방정부 차원에서 아동에 대한 보다 상세한 자료를 산출하려는 목적으로 설립되었다(조은경, 김은영, 2008).

또한 유아교육 · 보육 정책에 관한 정부부처 간 협력 체계를 수립하고, 연방정부와 주정부 간 협력의 어려움을 해결하고자 부처 간 협력 체계를 강화하기

위해 2002년 부시 정부는 GSGS 정
책을 실시하였다. GSGS(Good Start,
Grow Smart)는 각 부처 프로그램의
공통된 메시지를 개발하고, 양질의
유아교육·보육 프로그램 개발을 위
한 협력 방안 모색에 목적을 둔다.
유아교육·보육에 관한 정부 부처
간 협력의 결과, 첫째, 헤드 스타트
프로그램 강화 및 유아교육 증진을
위해 연방정부와 주정부의 동반자적

[그림 3-22] 남캘리포니아주 GSGS 초기 학습 표준
출처: 사우스캐롤라이나 교육청 홈페이지(https://ed.sc.gov).

관계 확립, 둘째, 교사 및 보육교직원, 부모를 위한 유아교육 관련 다양한 정보
제공, 셋째, 관계부처 간 협력 및 조정을 위한 협력 체계 구축을 실행하였다(미
국 백악관 홈페이지, 2002).

　유아기의 중요성에 대한 사회적 인식이 높아지면서 연방정부 및 주정부 차
원의 공적 지원도 증가하였다. 취학 전 예비유치원(Pre-K) 프로그램이 전 국가
적으로 확산되어 주정부에서 지원하는 취학 전 프로그램의 수가 증가함에 따
라 취학 전(Pre-K) 운동 또는 프리스쿨(preschool) 운동은 헤드 스타트와 함께
미국 유아교육·보육의 화두가 되었다. K-12학년으로 구성된 공교육 체제에
서 PK-16학년으로 확대하자는 의견이 대두됨에 따라 그동안에는 5세가 다니
는 유치원부터 12학년까지의 기간을 공교육으로 국가가 책임져 왔는데, 앞으
로는 4세 아동(Pre-Kindergarten, PK학년)부터 4년의 대학교육(16학년)까지 공교
육으로 관리해야 한다는 주장이 제기되었다(조은경, 김은영, 2008).

한국

일본

미국

영국

프랑스

독일

스웨덴

1. 유아교육 · 보육 비용

유아교육 · 보육에 대한 미국의 재정지원은 저소득층을 중심으로 이루어졌으며, 연방정부의 책임하에 실시되는 정책적 지원보다는 각 주별 특성에 맞게 다양한 방법으로 재정을 확보하여 지원하고 있다.

1996년 「복지개혁법」을 제정하여 4개로 분리되어 있던 아동보육기금을 하나의 아동발달 및 보육기금(Child Care and Development Fund: CCDF)으로 통합하여 보육지원금을 다각적으로 운영하고 있다. 1977년 이후 미국의 5개 주(캘리포니아주, 하와이, 뉴저지주, 뉴욕주, 로드아일랜드주)에서는 임신 · 출산휴가를 포함한 유급 장애휴가를 제공하였으며, 1993년에는 「가족 및 의료 휴가법」을 제정하여 유아를 둔 가정을 대상으로 12주 무급휴가를 제공하였다(김지은, 2003).

미국 보육재정의 지원 현황을 살펴보면, 부모가 지불하는 사적 보육비용 이외에, 연방정부, 주정부, 지방정부의 공적 보육비용, 자선단체나 개인, 교회의 기부금 등에 의해 지원되고 있다. 연방정부는 주정부의 유아교육 · 보육 정책에 대한 책임이나 권한은 없으며, 단지 유아교육 · 보육에 대한 재정지원을 보조하고 있다. 유아교육에 대한 연방정부 차원의 직접적인 지원에는 교육부 관할의 공립유치원 비용, 4세 이하 유아의 예비유치원 비용, 그리고 취학 전 장애아 교육을 위한 지원이 있다. 국가적 차원의 간접적인 지원으로는 보육시설에 대한 식비 지원 및 저소득층 가정에 대한 보육료 소득공제를 들 수 있다.

2. 유아교육 · 보육 기관

1) 미국의 보육 유형

미국 영유아보육의 특징은 국가 및 공공단체 주도형 보육과 민간 및 사설단체 주도형 보육이 다양한 형태로 제공되고 있다는 점이다.

- 보육시설: 0~5세 아동을 시설에서 대집단으로 돌보는 유형
- 가정보육: 1명의 성인이 자신의 가정에서 소집단으로 아동을 돌보는 유형
- 자기 집 보육: 아동의 집에서 친척이 아닌 다른 사람이 아동을 돌보는 유형
- 직장보육: 고용주가 근로자의 편의를 위해 직접 또는 위탁 운영하는 유형
- 방과 후 보육: 유치원부터 초등학교까지 아동을 방과 후에 돌보는 유형
- 헤드 스타트: 연방정부 주도의 보육 프로그램으로 0~5세 저소득층 가정 아동에게 기관중심 및 가정방문 프로그램 무상 지원

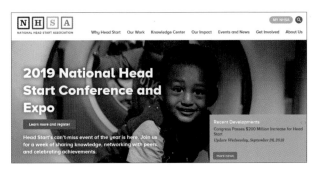

[그림 3-23] 미국 헤드 스타트 협회 홈페이지

출처: 미국 헤드 스타트 협회 홈페이지(www.nhsa.org/).

[그림 3-24] 미국 헤드 스타트 학습 및 지식 센터

출처: 미국 헤드 스타트 사무국
(www.acf.hhs.gov/ohs/about/head-start).

[그림 3-25] 미국의 조기 헤드 스타트 및 헤드 스타트 프로그램

출처: MCIU 홈페이지(http://www.mciu.org/).

〈표 3-3〉 미국의 보육 유형

유형	특징
보육시설 (child care center) 또는 탁아기관 (day care center)	• 사회복지기관의 지원 또는 사립(영리 · 비영리)으로 운영 • 종일제를 기본으로 연중 운영 • 영아와 3~5세 유아 대상
가정보육 (family child care) 또는 가정 탁아 (family day care)	• 수익자 비용부담 원칙에 따라 보육서비스 제공 • 비형식적 교육(informal care): 아동의 집에서 친척이 돌보는 유형 • 자기 집 보육(in-home care): 아동의 집에서 친척 아닌 다른 사람이 아동을 돌보는 유형 • 가정 보육: 성인이 자신의 집에서 여러 명의 아동을 돌보는 형태
방과 후 보육 (after school care)	• 유치원부터 초등학교까지의 아동 대상 • 방과 후 시간 동안 운영하며 아동을 돌보는 유형
헤드 스타트 (Head Start)	• 저소득층 가정의 0~5세 아동 대상 • 기관중심 프로그램과 가정방문 프로그램으로 운영 • 무상교육으로 아동의 학업 성취도 향상이 목적 • 프로젝트 팔로우 스루(Project Follow Through): 헤드 스타트 프로그램에 참여했던 1~3학년 초등학교 아동 대상

출처: 나정, 장영숙(2002).

2) 미국의 유아교육 유형

(1) 유치원(kindergarten)

미국에서 유치원은 초등학교 교육의 일부분에 해당하는데, 5세가 되면 K학년
으로 유치원에 입학하여 의무교육에 해당하는 공교육에 참여한다. 1990년대 이
후 90% 이상의 유아가 유치원에 다니고 있으며, 이 가운데 80% 이상이 공립유
치원에 다니고, 나머지는 부모가 학비를 부담하는 사립유치원에 다닌다. 공립
유치원은 초등학교처럼 거주지 기준으로 편성되며, 사립유치원은 거주지와 상
관없이 다닐 수 있다. K학년 학기 말에 학업성취도 진단을 실시하고, 이 결과를
초등학교 입학 평가자료로 사용하며,「아동낙제방지법(No Child Left Behind Act:
NCLB)」에 의한 낙제제도가 있어 학업성취도가 낮을 경우 낙제되기도 한다.

[그림 3-26] 미국 유아교육 현장

출처: 미국유아교육협회 홈페이지(www.naeyc.org/).

[그림 3-27] 예비유치원(Pre-Kindergarten)에
다니는 유아들

출처: District Home(www.lakeorionschools.org/).

　　주 교육청의 책임하에 공립과 사립 초등학교에 병설로 설치하여 의무교육 시
작 전 연령인 5세 유아를 대상으로 반일제 또는 종일제 서비스를 제공하는 유

한국

일본

미국

영국

프랑스

독일

스웨덴

치원은 기능과 대상 연령에 따라 예비유치원(Pre-Kindergarten), 하급유치원
(Junior Kindergarten), 상급유치원(Senior Kindergarten) 등으로 분류된다.

(2) 유아원(preschool)

유아원은 2~5세 아동을 대상으로 운영되며, 공립과 사립으로 구분되는데,
유아원과 혼용되어 사용되는 보육학교(nursery school)는 주로 2~4세 아동을
대상으로 운영된다.

〈표 3-4〉 미국의 유아교육 유형

유형	특징
유치원 (kindergarten)	• 주 교육청의 책임하에 공립 및 사립 초등학교에 병설로 설치 • 의무교육 시작 이전 연령인 5세 유아 대상으로 반일제 또는 종일제 서비스 제공
유아원 (preschool)	• 주 교육청 책임 또는 연방정부 재원의 직접 지원에 의해 반일제 또는는 학교시간(9:00~15:00) 동안 교육서비스 제공 • 예비유치원(pre-kindergarten): 3~4세 유아 및 유치원에 다니기에 어려운 5세 유아 대상 • 보충교육 프로그램(compensatory education program): 기관이나 학교에 다니는 6세 미만 아동 대상 • 보육학교(nursery school): 공립 및 사립 반일제 기관에 다니는 2~4세 아동 대상

출처: 나정, 장영숙(2002).

[그림 3-28] 미국의 유아원

출처: Celebration Presbyterian Church 홈페이지
(https://celebrationpresbyterianchurch.org/).

[그림 3-29] 미국의 예비유치원

출처: Melissa Schools 홈페이지(www.melissaisd.org/).

3. 유아교육 · 보육 프로그램

　미국의 유아교육 · 보육 프로그램에 담긴 철학이나 세부 교육내용은 주마다 다양하며, 공적 재원으로 운영되는 유아교육 · 보육 체계 내에서 연방정부 차원의 교육과정이나 보육과정이 별도로 마련되어 있지 않다.

　유아교육 · 보육 프로그램은 해당 프로그램의 철학에 따라, 초등학교 교육과의 연계를 위해 유아를 준비시키려는 목적으로 읽기, 쓰기, 셈하기 활동을 강조하는 프로그램이 있는 반면, '발달적으로 적합한 실제(DAP)'를 구현하기 위한 목적으로 아동발달과 개별 학습 과정에 중점을 둔 프로그램도 있다.

1) 헤드 스타트 프로그램(Head Start Program)

　헤드 스타트 프로그램(Head Start Program)은 미국의 대표적인 보상교육프로그램으로 1964년 「경제기회법(Economic Opportunity Act)」이 제정됨에 따라 1965년부터 시행되었다. 0~5세 저소득층 아동의 사회적 능력, 학습기술, 건강·영양상태 등을 향상시키는 데 목적을 둔 프로그램으로 연방정부 지원금을 받은 주들이 저소득층 가정 아동을 선정하여 프로그램을 제공한다. 의무교육을 시작하기 전인 3, 4세 아동이 프로그램의 주요 대상이다. 2017년 기준 1,070,000명의 저소득층 가정 아동(0~5세)과 임산부를 지원하였고, 전체 지원 대상의 40%가 4세 유아로 가장 높은 비율을 차지하였다(미국 헤드 스타트 사무국, 2017).

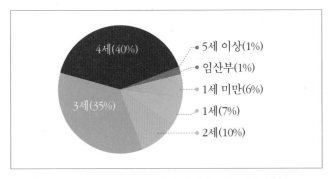

[그림 3-30] 미국 헤드 스타트 프로그램의 연령별 등록 인원비율(2016~2017년)

출처: 미국 헤드 스타트 센터 홈페이지(https://eclkc.ohs.acf.hhs.gov).

2) 조기 헤드 스타트 프로그램(Early Head Start Program: EHS)

미국에서는 1994년 이후 조기 헤드 스타트 프로그램(Early Head Start Program)을 운영하고 있는데, EHS를 통해 3세 미만 아동의 발달과 건강을 촉진하고, 가족과 지역사회의 연계를 강화하여 임산부나 영아가 있는 가족에게 다양한 서비스를 제공한다. EHS는 가정이나 기관을 중심으로 하여 조기교육, 부모교육, 가정방문 프로그램 등을 제공한다. 특히 조기교육프로그램의 대상 연령을 확대하여 저소득층 아동의 학교생활 준비를 위한 예비교육과정을 제공하고 있다.
2017년 기준 유아 대상 헤드 스타트 프로그램은 가정 방문 프로그램이 1.8%에
불과한 반면, 영아 대상 조기 헤드 스타트 프로그램의 경우에는 가정 방문 프로
그램이 36%를 차지하였다(미국 헤드 스타트 사무국, 2017).

[그림 3-31] 미국의 조기 헤드 스타트 프로그램에 참여 중인 영아와 교사

출처: 텍사스 텍 대학교 조기 헤드 스타트 센터 홈페이지(www.depts.ttu.edu/hs/hdfs/earlyheadstart/).

3) 발달에 적합한 실제(Developmentally Appropriate Practice: DAP)

　미국유아교육협회(National Association for the Education of Young Children:
NAEYC)에서는 유아의 '발달적 적합성(developmental appropriateness)'을 교육
프로그램의 질을 결정하는 주된 요인으로 보고, 유아의 발달적 특성을 교육 실
제와 연결시켜 유아교육프로그램의 구성요소를 도출하였다.

　발달적으로 적합한 유아교육과정 구성의 근거가 되는 두 가지 이론적 기초
는 첫째, 유아가 어떻게 발달하고 학습하는가에 관한 이론이고, 둘째, 유아가
무엇을 학습해야 하는가에 관한 교육과정 이론이다. DAP에서는 피아제, 비고
츠키, 에릭슨 등의 이론에 기초한 다음의 여섯 가지 원리를 교육과정 구성에
적용한다.

한국　일본　미국　영국　프랑스　독일　스웨덴

[그림 3-32] 미국유아교육협회 2016~2018년 연차 학술대회 자료집

출처: 미국유아교육협회 홈페이지(www.naeyc.org/).

- 유아는 신체적 · 생리적 욕구가 충족되고, 심리적 안정감을 느낄 때 학습을 가장 잘한다.
- 유아는 스스로 지식을 구성한다.
- 유아는 사회적 상호작용을 통해서 학습한다.
- 유아는 놀이를 통해서 학습한다.
- 유아는 흥미와 알고자 하는 욕구가 학습을 위한 동기가 된다.
- 발달과 학습의 주요 특징은 개인차가 있다.

4. 유아교육 · 보육 교사

1) 미국의 유아교육 · 보육 교사 양성체계

미국은 유아교육 · 보육에 관한 통합되고 일관된 제도가 없다. 연방정부 차원에서뿐만 아니라 주정부 차원에서도 교직원의 자격요건에 대한 합의된 준거

체계를 가지고 있지 않으며, 헤드 스타트, 수익자 비용부담체계, 공적 제도의
하위체계별로 서로 다른 자격요건을 제시하고 있다.

[그림 3-33] 미국의 유아교육 · 보육 교사

출처: https://www.istockphoto.com/kr.

[그림 3-34] 미국의 유아교육 · 보육교사

출처: https://www.istockphoto.com/kr.

(1) 헤드 스타트 교직원

교사, 사회복지사, 가정방문자, 건강 코디네이터 등이 헤드 스타트 프로그램
에 참여한다. 2017년 기준 약 127,000명의 교직원이 교사, 보조교사, 가정방문
자 등의 역할을 담당하면서 참여 아동에게 아동발달 서비스를 제공하였고, 기
관중심 헤드 스타트 프로그램 교사의 73%는 유아교육 또는 관련 전공 분야 학
사학위 이상의 학력을 소지하고 있었다(미국 헤드 스타트 사무국, 2017).

(2) 아동발달 준학사(Child Development Associate: CDA)

1971년 헤드 스타트 프로그램 교직원의 자격을 규정하기 위해 만들어진 제도
가 아동발달 준학사(CDA)이다. CDA는 일부 주를 제외하고 미국 전역에서 보육
시설 교직원의 자격을 부여하는 대안으로 조건에 포함되어 있다. 2년제 교육기
관인 지역대학(community college)의 양성과정을 통해 CDA가 양성되고 있다.

(3) 사립학교 체제의 교직원

수익자가 비용을 부담하는 사립학교 체제의 유아교육 · 보육 교직원에 대한 최소 자격기준은 주정부 차원에서 규정되기 때문에 각 주마다 다양하다. 예를 들어, 일리노이주에서는 단지 2개의 대학 강좌만 수강하면 사전 자격요건이 충족되지만, 미네소타주에서는 연간 35시간의 훈련을 이수해야 하고, 미시간 주에서는 특별한 훈련을 받지 않아도 된다.

가정보육모에 대해서는 대부분의 주가 매년 일정 시간 지속적으로 훈련을 받도록 규정하고 있고, 최근 미국가정보육협회(NAFCC)에서 개발한 가정보육 인증은 가정보육 교직원이 될 수 있는 일종의 자격으로 간주된다.

(4) 공립학교 체제의 교직원

공립학교의 유아교사는 대개 주에서 발급한 교사 자격증을 가지고 있는데, 이 자격증은 학사학위 소지자에게 수여된다. 자격증이 필요 없는 주도 있지만, 자격증 미취득 교사의 경우 자격증 취득 교사보다 급여수준이 낮은 경우가 있다. 몇몇 주에서는 교사 자격증 취득을 위해 취학 전 아동을 대상으로 현장실습 경험을 요구하기도 한다.

〈표 3-5〉 미국 유아교육 · 보육 교직원의 자격기준

학력	내용	헤드 스타트	사립학교	공립학교
기초 중심	현장 연수, 직업 관련 사전 자격요건 없음	• 보조교사 • 보조자	• 보조교사 • 보조자 • 가정보육 제공자	
대학의 일부 과정	유아교육 또는 관련 전공이 설치된 기관에서 1학기 출석	• 가정 방문자	• 교사(집단책임자) • 프로그램 집단 지도자	
아동발달 준학사	2년제 학위에 준하는 학위	• 교사	• 주임교사	
노동부 증명	현장감독 2년, 대학에서 2학기 아동발달 전공	• 학부모 협조자	• 주임교사 (아동발달전문가) • 지도자	• 보조교사
단기대학 졸업학위	2년제 지역대학 학위	• 지도자	• 주임교사 • 지도자	• 연방 문해프로그램 이븐 스타트 교직원
학사학위	4년제 종합대학 학위		• 주임교사 • 지도자	• 임시교사 • 교사 • 프로그램 지도자 • 교장
석사학위	1~2년 학사 후 과정 또는 대학원 학위			

출처: 나정, 장영숙(2002).

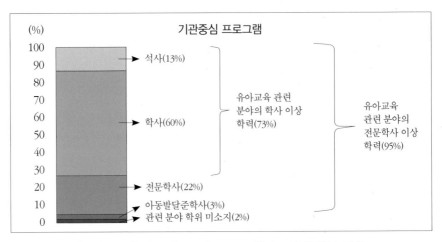

[그림 3-35] 미국 헤드 스타트 프로그램의 교사 학력(2017년)

출처: 미국 헤드 스타트 센터 홈페이지(https://eclkc.ohs.acf.hhs.gov).

2) 미국의 유아교육 · 보육 평가

미국에서는 국가적으로 행해지는 의무적인 인증 제도는 없으나, 일부 주에서는 전문 협회를 중심으로 협회에서 정한 질적 기준에 따라 지역별로 자발적인 인증, 감독시스템을 도입하고 있다.

- 미국보육협회(National Child Care Association: NCCA): 영리 프로그램에 대한 인증
- 미국가정보육협회(National Association for Family Child Care: NAFCC): 가정보육 프로그램에 대한 인증
- 미국유아교육협회(National Association for the Education of Young Children: NAEYC): 기관인증 분야에서 영향력이 강력한 인증

- 미국취학아동연맹(National School-Age Care Alliance): 방과 후 프로그램 등 취학아동 프로그램에 대한 인증

[그림 3-36] 미국보육협회 홈페이지

출처: 미국보육협회 홈페이지(www.nccanet.org/).

[그림 3-37] 미국가정보육협회 홈페이지

출처: 미국가정보육협회 홈페이지(www.nafcc.org/).

[그림 3-38] 미국유아교육협회 홈페이지

출처: 미국유아교육협회 홈페이지(www.naeyc.org/).

Epilogue

미국의 유아교육·보육정책은 연방정부 차원에서 조직화된 체계를 갖추기보다는 주정부 차원에서 개별적으로 운영되고 있어 관련 자료의 통합적 수집을 위해 연방정부기관 연합포럼(FIFCFS)을 조직하였다. 또한 유아교육·보육정책에 관한 정부부처 간 협력체계를 수립하고 연방정부와 주정부 간 조율의 어려움을 해결하고자 각 부처 간의 협력 체제를 강화하기 위한 노력으로 GSGS 사업을 실시하였다. 이를 통해 헤드 스타트 프로그램을 강화하였고, 유아교육 증진을 위해 연방정부와 주정부가 동반자적 관계를 확립하였으며, 교사와 부모에게 유아교육과 관련된 다양한 정보를 제공하고 있다. 영유아기 교육의 중요성이 한층 더 강조됨에 따라 연방정부 및 주정부 차원의 공적 지원도 증가 추세이다. 예비유치원(Pre-K) 프로그램이 전국적으로 확산되어 주정부 지원을 받는 Pre-K 프로그램이 증가함에 따라 Pre-K 운동이 헤드 스타트와 함께 미국 유아교육·보육의 화두가 되었다.

📖 **참고문헌**

김지은(2003). 미국의 보육제도 체계와 운영 실태에 관한 연구: 우리나라 보육사업을
　　위한 시사점 구축을 위해. 한국영유아보육학, 32, 1-30.

나정, 장영숙(2002). **미국의 유아교육과 보호정책.** 서울: 양서원.

이주희(2005). 미국의 차별시정기구. 국제노동브리프, 3(1), 66-73.

전세진(2019). 부모휴가제도가 아동 행복에 미치는 영향: OECD 국가를 기준으로. 숭
　　실대학교 대학원 석사학위논문.

조은경, 김은영(2008). **미국의 육아정책 세계육아정책동향 시리즈 5.** 서울: 육아정책개발센터.

프랑스 국립중앙도서관.

한국일보(2019. 1. 7.). 캘리포니아 주지사, 유급 육아휴직 6개월 확대 공약.

헤럴드경제(2015. 8. 28.). 아마존 CEO가 육아휴직을 늘릴 수밖에 없었던 이유.

홍승아, 류연규, 김영미, 최숙희, 김현숙, 송다영(2008). **일가족양립정책의 국제비교연구
　　및 한국의 정책과제.** 서울: 한국여성정책연구원.

Gornick, J. C., & Meyers, M. K. (2003). *Families that work: Policies for reconciling
　　parenthood and employment.* New York: Russell Sage Foundation.

Green Book (2004). *Background material and data on the programs within the
　　jurisdiction of the committee on ways and means.* US House of Representatives.

Kamerman, S. B. (2001). Child and family policies in the United States at the opening
　　of the twenty-first century. *Social Policy & Administration, 35*(1), 69-84.

Kamerman, S., & Kahn, A. (1999). *Child and family policies in an era of social policy
　　retrenchment and restructuring.* Paper presented at the LIS Conference on Child
　　Well-Being in Richand Transition Countries. September 30~October 2. 1999.

OECD (2015). *Early childhood education and care policy in the United State of
　　America.*

Sklar, K. K. (1993). The historical foundations of women's power in the creation of the American welfare state, 1830-1930. In S. Koven, & S. Michel (Eds.), *Mothers of a new world: Maternalist politics and the origins of welfare states*. New York: Routledge.

US Department of Education, National Center for Education Statistics, Preprimary Enrollment, various years, and US Department of Commerce, Bureau of the Census, Current Population Survey(CPS), October 1980 through October 2001.

Zylan, E. (2000). Maternalism redefined: Gender, the state, and the politics of day care, 1945-1962. *Gender & Society, 14*(5), 608-629.

District Home(www.lakeorionschools.org/)

http://harpersbazaar.co.kr/life

http://techbuddha.wordpress.com

http://www.mciu.org/

https://celebrationpresbyterianchurch.org/

https://www.clintonfoundation.org

https://www.istockphoto.com/kr

Melissa Schools 홈페이지(www.melissaisd.org/)

Wikimedia Commons

미국 백악관 홈페이지(https://www.whitehouse.gov/)

미국 통계청(www.census.gov)

미국 헤드 스타트 사무국(www.acf.hhs.gov/ohs/about/head-start)

미국 헤드 스타트 센터 홈페이지(https://eclkc.ohs.acf.hhs.gov)

미국 헤드 스타트 협회 홈페이지(www.nhsa.org/)

미국가정보육협회 홈페이지(www.nafcc.org/)

미국보육협회 홈페이지(www.nccanet.org/)

미국유아교육협회 홈페이지(www.naeyc.org/)

뱅크 스트리트 홈페이지(https://school.bankstreet.edu/about/at-a-glance/)

사우스캐롤라이나 교육청 홈페이지(https://ed.sc.gov)

서울신문(2018. 10. 7.). http://www.seoul.co.kr/

월간유아 홈페이지(http://iyua.kidkids.net). 세계의 유아교육 미국편.

인터넷 경향신문 홈페이지(http://www.khan.co.kr/)

터프스 대학교 홈페이지(https://dl.tufts.edu)

텍사스 텍 대학교 조기 헤드 스타트 센터 홈페이지(www.depts.ttu.edu/hs/hdfs/
    earlyheadstart/)

하이 스코프 프로그램 홈페이지(https://secure.highscope.org)

Chapter 04

영국 United Kingdom

Prologue

동화를 사랑하는 나라, 영국.

악당을 쫓아 종횡무진 런던을 누비던 본드와 홈즈, 풀숲을 헤치고 조끼 입은 토끼가 뛰어 나올 것만 같고, 9와 4분의 3 승강장 벽을 통과해 호그와트로 향하는 해리포터를 만나는 상상을 하게 되는 판타지 세상. 판타지 문학을 탄탄하게 만들어 낸 원동력은 아마도 동화였을 것이다. 예술과 문화를 사랑하고 즐기는 사람에게는 천국과 같은 영국에서는 도시 곳곳에 중세의 웅장한 건물을 보존해 고풍스러움이 묻어 나고, 박물관이나 미술관을 어디서나 만날 수 있다. 전 세계 해상, 경제, 금융, 산업을 호령하던 '해가 지지 않는 나라'였던 영국은 과거의 명성을 다른 나라에 하나씩 내어주면서도 문화강국의 자존심만은 끝까지 지켜 내고 있다. 문화와 예술을 사랑하고 환상과 모험을 즐기며 순수하고 달콤한 사랑을 꿈꾸게 하는 나라, 영국!

I. 개요 및 역사적 맥락

1. 개요

영국은 유럽대륙 서북쪽에 위치한 섬나라로 서유럽 국가로 분류된다. 잉글랜드, 스코틀랜드, 웨일스, 아일랜드의 4개 행정구역으로 구성되어 있으며, 11세기에 건국되어 역사가 오래된 국가이다. 화폐 단위는 파운드(pound/£)이며, 여왕과 수상이 존재하는 입헌군주제 국가이다. 정식 명칭은 그레이트 브리튼 및 북아일랜드 연합왕국(United Kingdom of Great Britain and Northern Ireland)으로 북대서양과 북해 사이에 위치해 있다. 수도는 런던이며, 잉글랜드는 9개의 지역(메트로폴리탄 카운티 6개, 카운티 27개, 그레이트 런던으로 세분화)으로, 스코틀랜드는 32개 주, 웨일스는 22개 지방정부, 북아일랜드는 26개 주로 구분된다.

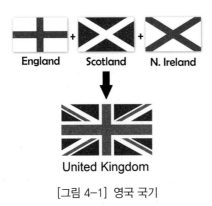

[그림 4-1] 영국 국기

[그림 4-2] 영국 지도

1) 인구와 언어

영국은 영어를 사용하며, 면적 243,610㎢에 인구 6,479만 명으로 세계 22위의 인구규모에 해당한다. 영국에서 사용되고 있는 현대 영어는 주로 5세기에 브리튼에 이주해 온 앵글족 · 색슨족 · 주트족이 사용했던 게르만 방언과, 790년경부터 브리튼을 침공해 온 데인족이 사용한 언어에서 발전된 형태이다.

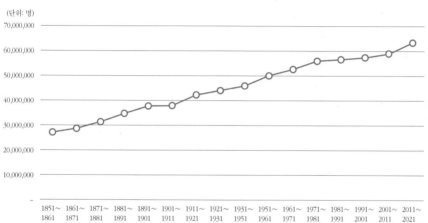

[그림 4-3] 영국의 인구통계

출처: https://en.wikipedia.org/wiki/Demography_of_the_United_Kingdom#Languages.

2) 대두되는 문제점

지난 20년 동안 세계화와 경제 합리주의 정책의 결과로 부와 경제 분배의 불균형이 초래되었다는 인식이 팽배하여, 교육, 사회, 경제, 보건과 복지 분야의 사회적 불평등이 통합된 방식으로 해결되어야 하고, 모든 아동이 질 높은 유아교육 · 보육(ECEC) 서비스를 공평하게 제공받아야 한다는 주장이 제기되었다.

2. 역사적 맥락

　1997년 노동당이 집권하면서 ECEC 서비스의 확대 지원과 체제 개편이 단행되었고, 영유아기 서비스 증진을 국가의 최우선 과제로 채택하여 사회적 소외집단 및 저소득층 가정 아동을 우선적으로 지원하였다. ECEC 서비스의 확대를 위하여 영유아기 발달 협력체(Early Years Development Partnerships)를 설치하였는데, 이는 1998년 국가수준 아동보육전략의 시도와 더불어 유아교육과 보육 협력체(Early Years Development and Childcare Partnerships: EYDCP)로 명칭이 변경되었다. 교육과 사회복지사업으로 분리되어 있던 ECEC 서비스가 1997년 교육고용부(Department for Education and Employment)로 통합된 것을 계기로 교육고용부 산하의 아동국(Minister for Children)에서 ECEC 서비스를 총괄하게 되었다(장민영, 박은혜, 이진화, 2017).

[그림 4-4] OECD 홈페이지 내 ECEC 관련 소개 화면

출처: OECD 홈페이지(www.oecd.org).

1998년 5월 영국 정부는 0~14세 아동과 0~16세 장애아를 위한 국가 수준의 아동보육전략(The National Childcare Strategy Green Paper: Meeting the Childcare Challenge)을 발표하고 보육시설 확충에 주력하였다. 1999년 1월에는 아동 빈곤문제를 해결하고자 범부처 간 협력을 통해 60개 빈곤지역을 중심으로 슈어 스타트 지역 프로그램(Sure Start Local Programs)을 시작하였고, 교육과 보육뿐만 아니라 관련 서비스를 통합적으로 제공하는 대안적 모델로서 조기 수월성 센터(Early Excellence Centre)를 설치하였다.

1999년 8월 사회사업부에서 담당하고 있던 ECEC 기관 등록 업무를 교육고용부 산하의 교육기준청(Office for Standards in Education: OFSTED)으로 이관하고, 초·중등학교와 동일하게 등록된 ECEC 기관을 장학사가 감독하였다(윤은주, 이진희, 2011). 1994년부터 4세 아동에게 제공된 무상교육(연간 33주, 주 5회, 1일 2시간 반씩)이 1999년 9월부터 3세 아동으로 확대 시행되었다. 아동학대로 인한 빅토리아 클림비에 사망 사건을 계기로 2003년 영국 정부는 아동을 위한 통합개혁안(Every Child Matters)을 발표하였고, 모든 아동이 성취해야 할 학습과 발달의 성과라는 공통의 목표를 제시하고 목표 달성을 보장하기 위한 법적 기반을 마련하고자 2004년 「아동법(Children Act 2004)」, 2006년 「아동보육법(Childcare Act 2006)」을 개정하였다.

한국
일본
미국
영국
프랑스
독일
스웨덴

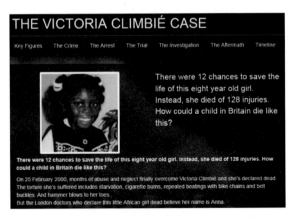

[그림 4-5] 아동학대에 의한 빅토리아 클림비에 사망 사건

출처: http://www.crimeandinvestigation.co.uk/crime-files/victoria-climbie.

[그림 4-6] 아동보육법 관련 자료

출처: www.amazon.co.uk.

　　교육기술부, 노동연금부, 재무부, 통상산업부는 2004년 12월 아동보육 10개
년 전략(Ten Year Childcare Strategy)을 발표하고, '부모를 위한 선택, 아동을 위
한 최상의 출발(Choice for Parent, the Best Start for Children)'이라는 목표를 설정

하였다. 2006년 4월에는 아동보육 10개년 계획의 실행계획(Ten Year Childcare Action Plan)이 발표되었고, 저소득층과 소외계층 아동뿐만 아니라 모든 아동을 위한 보편적인 서비스를 제공하기 위해 영국 전역에 800개 이상의 슈어 스타트 아동센터(Sure Start Children's Centre) 설립을 계획하였다. 기존의 조기 수월성 센터(Early Excellence Centre)는 정부의 추가적인 재정 지원과 더불어 2006년 슈어 스타트 아동센터로 전환되었다(문무경, 2007).

[그림 4-7] 슈어 스타트 아동센터 전경

출처: Foundation Years 홈페이지(www.foundationyears.org.uk).

[그림 4-8] 슈어 스타트 아동센터 월요일 프로그램 사례

출처: West Lothian Council 홈페이지(www.westlothian.gov.uk).

　　2007년 유아교육과 보육서비스의 질적 제고를 위해 기초단계(Foundation Stage) 교육과정의 대상을 모든 5세 미만 아동으로 확대하는 영유아기 기초단계 교육과정(Early Years Foundation Stage: EYFS)을 개발하였다. 영국 정부는 2007년 10월 0~19세 아동을 위한 개혁안(Children's Plan)을 발표하였는데, 이 개혁안의 목적은 영국이 아동과 청소년의 성장을 위한 최상의 장소가 되도록 하는 것이다.

　　2017년 9월 모든 만 3~4세 유아의 교육시간이 주당 15시간에서 30시간으로 확대되었고, 3~4세 유아는 영국 내 다양한 공 · 사립 유아학교 및 보육시설에 다닐 수 있으며, 기관의 형태에 관계없이 무상교육 지원을 받을 수 있어 부모는 자녀의 연령이나 필요에 따라 기관을 선택할 수 있다(육아정책연구소, 2017).

[그림 4-9] 웨일스 아동부 장관과 보육시설 아이들

출처: Nursery World(2017. 12. 18.).

Ⅱ. 양육지원

1. 일·가정 양립

2016년 기준 15~64세 영국 여성의 경제활동 참여율은 73.0%이며, 여성의 경제활동 참여율 중 약 40%가 시간제에 해당한다. 영국 남성의 시간제 근무율이 전체 남성 경제활동 참여율의 10% 정도인 것에 비하면 매우 높은 수치이며, 유럽연합국가(EU) 중 네덜란드 다음으로 여성의 시간제 근무율이 높다. 어린 자녀를 둔 영국 여성들은 자녀의 연령이 증가할수록 전일제 근무에서 시간제 근무로 전환하는 경향을 보였고, 자녀의 수가 많을수록 비정규직일 가능성이 높았다. 취학 전 자녀를 둔 영국 여성은 일주일에 평균 29시간 근무하며, 탄력 근무시간제 실시로 인해 일과 육아를 병행하기가 용이해졌다.

2017년 밀레니엄 시대의 젊은 아버지들을 대상으로 실시한 조사에서 응답자 중 53%는 직장에서의 승진에 불리하더라도 자녀양육에 우선순위를 두겠다고 응답하였고, 48%는 가족들과 함께 더 오랜 시간을 보내기 위해 임금 삭감도 감수할 의사가 있음을 밝혔다. 최근에는 일·가정 양립을 위한 방안으로, 자녀를 동반하여 출근한 후 근무하는 사무실 옆에 자녀가 머무를 수 있는 공간(Child-out Room)을 마련한 IT 회사도 등장하였다. 이처럼 자녀 동반 출근이나 원격 근무와 같이 탄력적 근무 환경을 제공한 결과, 직원들의 근무만족도와 회사에 대한 충성도가 높아진 것으로 평가되었다(육아정책연구소, 2017).

한국

일본

미국

영국

프랑스

독일

스웨덴

[그림 4-10] 자녀에게 책 읽어 주는 영국의 아버지

출처: EBS 세계의 교육현장(2010. 10. 6.).

2. 양육정책

1) 육아휴직제도

2003년 유급 육아휴직 기간을 18주에서 26주로 확대하였고, 26주 이상의 육아휴직을 신청하는 경우에는 무급으로 휴직할 수 있다. 법정 출산휴가 급여는 첫 6주 동안 전체 급여의 90%를 지급하고, 나머지 20주는 주당 102.80파운드를 기준으로 지급하였다. 2003년 이후 아버지도 자녀가 태어난 지 56일 이내에 2주 동안의 유급 출산휴가를 이용할 수 있다(전세진, 2019). 2007년 4월에는 9개월 동안의 유급 출산휴가를 명문화하고, 2010년까지 12개월 동안의 유급 출산휴가를 목표로 하는 계획을 발표하였다.

2) 다양한 요구의 아동을 위한 육아정책

2001년 「특수교육과 장애법(Special Educational Needs and Disability Act)」에 장애아동 통합을 실천하기 위한 정책 방안과 개정된 안내지침이 제시되었다.

ECEC 기관에서의 장애아동 통합 시도는 자선단체 및 사립기관을 중심으로 진행되었으나, 이 기관들은 공적 재정지원 대상에 해당하지 않아 장애아동 통합에 소극적인 자세를 보였다.

저소득층 가정 지원을 통해 아동 빈곤율을 감소시키고자 한부모가정의 경우 보육비용의 70%를 지원하고, 조세 감면을 통해 저소득층 가정 아동의 보육서비스 이용 가능성을 제고하였다. 영국 인구의 9%는 소수민족이며, 소수민족 자녀의 학업성취도가 낮다고 보고되어 인종차별 및 편견을 방지하기 위한 정책이 강화되었다.

2017년에는 부모들이 정부에서 제공하는 모든 보육 관련 정보와 자신에게 가장 적합한 보육유형을 찾도록 도와주는 웹사이트(www.childcarechoices.gov.uk)가 개설되었다. 이 웹사이트는 부모들이 자신의 가족에게 적합한 지원 정책을 신속하게 찾아볼 수 있도록 제작되었으며, 보육 제공자들은 보육 현장에서 이러한 정부 정책이 어떻게 실행되는지에 관한 지원 자료를 이 웹사이트를 통해 찾을 수 있다(육아정책연구소, 2017).

Ⅲ. 유아교육 · 보육 현황

1. 유아교육 · 보육 비용

유아교육 · 보육을 위한 국가 재정 지원을 위해 영국 정부는 2015년부터 일원화된 예산을 수립하여 유아교육기관 및 영유아 가족을 위한 재정 지원을 실시하였다(United Kingdom Government, 2016. 8. 30.). 지방정부는 중앙정부로부

한국
일본
미국
영국
프랑스
독일
스웨덴

터 학교전용보조금(Dedicated School Grant: DSG)을 제공받아 유아교육기관에 전달함으로써 3, 4세 유아를 위한 무상교육 비용을 지원하였다. 이 외에 저소득 층 3, 4세 유아를 대상으로 추가적인 지원을 제공하기 위해 영유아기 특별지원 기금(Early Years Pupil Premium: EYPP)도 마련하였다. 이 기금은 3, 4세 유아의 무상교육을 위한 지원 이외의 추가적인 도움이 필요한 경우 지원되며, 2010년부 터 저소득층 유아에게 주당 15시간, 연간 38주까지 무상지원이 추가적으로 제 공되었고, 2014년 9월부터는 하위 40%의 2세 영아까지 그 대상이 확대되었다. 이와 더불어 자녀양육을 지원하기 위해 근로세액공제(working tax credit) 및 육 아면세(tax-free childcare) 제도가 도입되었다(DfE of UK, 2016. 9. 2.).

2015년 기준 보육비용 조사 결과, 첫째, 2세 미만 자녀를 유아원에 시간제 (25시간)로 등록한 경우, 주당 115.45파운드, 연간 6,003파운드를 지출하였으 며, 이는 2014년 대비 5.1% 상승한 수치이다. 아이돌보미가 제공하는 시간제 보육을 이용한 경우에도 4.3% 상승하여 주당 104.60파운드, 연간 5,411파운드 를 지출한 것으로 나타나서 보육비용은 물가상승률 이상으로 상승하였다. 둘 째, 2세 이상 자녀의 유아원 이용 비용 역시 4.1% 증가하여 주당 109.83파운드 였고, 아이돌보미 비용은 약 2.5% 상승하여 103.04파운드를 지출한 것으로 나 타났다.

2010년 이후 5세 미만의 유아교육·보육 비용을 교육소비자 물가지수와 소 득수준 최하위 등급의 급여 상승률과 비교했을 때, 유아교육·보육 비용이 급 격히 상승한 것으로 나타나 현실적으로 보육비용 지출이 어려운 가정이 상당히 많은 것으로 확인되었다. 이에 따라 영국 정부는 유아교육·보육 비용의 상승 현상을 인정하면서 2세 영아의 15시간 무상교육·보육 제공과 맞벌이 부모의 9개월~2세 자녀를 위해서도 재정 지원을 제공하였다. 또한 노동당에서는 높은 유아교육·보육 비용 문제를 해결하기 위해 맞벌이 부모의 3, 4세 자녀가 이용 가능한 무상교육·보육 시간을 15시간에서 30시간으로 확대하는 방안과 슈어 스타트 센터 이용 가능 비율을 두 배로 확대하는 방안을 제안하였다.

30시간 무상보육 수혜 대상자에 관한 최근 통계는 3, 4세 유아의 42%에 해당하는 약 390,000명이 2017년 9월부터 시작된 30시간 무상보육 혜택을 받은 것으로 밝혀졌다. 15시간 무상보육 지원 대상자인 유아 가운데 약 520,000명은 추가적인 15시간 보육지원을 제공받지 못할 것으로 예상된다.

2017년 9월부터 시행된 3, 4세 유아 대상 30시간 무상보육에 대해 잉글랜드의 1,400개 어린이집 운영자를 대상으로 실시한 교육자선단체(Pre-school Learning Alliance: PLA)의 설문에 의하면, 응답자의 74%가 이 정책의 실행에 필요한 정부 재원이 충분히 지원되지 않고 있다고 응답하였다(육아정책연구소, 2017).

2. 유아교육·보육 기관

영국 ECEC 정책의 책임은 중앙정부와 지방정부가 공유한다. 2007년부터 아동학교가족부(Department for Children, Schools and Families: DCSF)에서 ECEC 정책을 총괄하고 있는데, 아동학교가족부는 사회의 기반인 아동과 청소년, 가족에 대한 정부지원을 강화하려는 강력한 의지를 표명하며 개편·출범하였다. 기존의 영국 정부는 ECEC 정책을 명확히 하고 유아교육과 보육의 이원화를 극복하려는 노력의 일환으로 교육기술부(Department for Education and Skills) 내에 슈어 스타트국(Sure Start Unit)을 두어 각종 아동 서비스와 교육에 대한 업무를 담당하도록 하였다(윤은주, 이진희, 2011).

슈어 스타트국은 아동과 가족을 위한 통합적 서비스를 제공하기 위해 정부로

한국

일본

미국

영국

프랑스

독일

스웨덴

부터 위임받은 권한을 가지며, 교육기술부와 노동연금부의 책임하에 독립적인
부서로서 기능한다. 슈어 스타트국은 새로 개편된 아동학교가족부에 소속되어
업무를 수행하며, 아동의 출생과 더불어 부모와 지역사회의 요구를 수용할 수
있도록 슈어 스타트 전략을 수립하여 건강, 학습, 부모역할 등을 총체적으로 지
원하는 역할을 담당한다.

　1998년 이후 영국의 ECEC 규정은 다른 유럽 국가들에 비해 상당한 변화가
있었다. 유럽국가 중 사립 보육의 비율이 가장 높은 영국에서는 아이돌보미
(childminder), 놀이집단(play group), 보육시설(day nursery)에서 맞벌이 부부의
0~3세 미만 자녀들에게 보육서비스를 제공한다.

[그림 4-11] 영국 보육시설(Day Nursery) 전경

출처: http://www.nutfieldnursery.co.uk.

　아이돌보미에 의한 가정보육의 경우 최대집단 크기는 6명이며(보조교사 포함
시 12명), 6명 중 5세 이하의 아동이 3명을 초과해서는 안 된다. 기관중심의 공
인된 놀이집단 및 방과 후 보육시설에서는 최대 26명까지 돌볼 수 있는데, 교사
대 아동 비율은 2세 미만 영아가 1:3, 2세는 1:4, 3~7세는 1:8로 규정되어 있다.

유아학교 및 초등 예비학급은 최대 26명까지 수용 가능하다. 담임교사가 행정 업무를 담당하면서 교육활동을 겸한다면 1:10, 교육활동에 참여하지 않는 경우 1:13의 비율을 준수한다. 공립 ECEC 기관의 교사 대 아동비율은 최대 집단크기 가 정해져 있지 않으나, 대개 교사 1인당 26명을 넘지 않으며, 3~4세 아동의 경 우 1:13의 비율을 준수한다. 2006년 기준 영국의 ECEC 서비스 유형과 현황을 대상 연령별로 살펴보면 다음과 같다(문무경, 2007).

1) 0~1세 미만 아동

생후 1년 미만의 영아 보육에 대한 수요는 많지만 공급은 부족한 상황이다. 생후 1년 미만의 영아는 대부분 부모나 친척에 의해 양육되며, 사립 보육시설 또는 아이돌보미에 의한 공식적인 보육서비스를 제공받는 경우는 약 20%에 해당한다.

2) 1~3세 미만 아동

1~3세 미만 아동을 위한 ECEC는 대부분 보호 형태의 서비스를 제공하며, 놀이집단이나 기간제 보육시설(sessional care)에 다니는 1세 미만 아동은 없다. 1~3세 영유아의 약 30%는 아이돌보미가 돌보거나 사립 보육시설에 다닌다. 2세 아동의 30%는 놀이집단이나 기간제 보육시설에 다니는데, 이 중 2/3는 교회나 자선단체에서 운영하며, 나머지 1/3은 개인이나 단체가 사립으로 운영한다.

3) 3~5세 미만 아동

3~4세 유아의 경우 무상교육 · 보육서비스가 보장된다(1년 33주, 1주일 5일, 1일 2.5시간). 3세 아동의 96%가 무상교육서비스를 이용하며, 이 중 54%는 사립

및 자선단체가 운영하는 기관을 이용한다. 4세 아동의 98%는 하루 최소 2.5시간 무상교육·보육서비스를 제공하는 기관에 다니며, 서비스기관 유형은 공립기관 70%, 사립기관 20%, 비영리단체 9%이다.

4) 5~6세 미만 아동

영국에서는 5세부터 의무교육을 시작한다. 모든 5세 아동은 종일제(9:00~15:30까지 약 6.5시간) 공·사립기관에 취학 중이며, 이 외에도 방과 전/후 서비스(Out of School Services)가 제공된다.

3. 유아교육·보육 프로그램

아동을 위한 개혁방안(Every Child Matters)은 0~19세 아동과 청소년을 위해 유럽국가에 현존하는 정책 중 가장 야심차게 진행된 통합개혁안이다. 이 개혁안은 빅토리아 클림비에라는 아동이 학대로 인해 사망한 이후 2003년에 발표되었다. Every Child Matters는 기존의 영국 육아정책을 분석한 결과를 토대로, 첫째, 효과적인 예방 정책이 필요하다, 둘째, 부모교육과 가족에 초점을 두어야 한다, 셋째, 조기개입이 필요하다는 시사점을 제시하였다.

정책적 혁신을 실현하기 위해 빅토리아 클림비에 보고서(Victoria Climbie Inquiry Report)와 기타 관련 연구에서 지적된 내용은 책무성과 통합성의 부족, 육아지원 인력의 전문성 제고가 필요하다는 것이다. 이에 따라 영국에서는 모든 아동과 청소년을 위한 다섯 가지 목표를 제시하였다.

- 건강(being healthy)

- 안전(staying safe)

- 즐거움과 성취(enjoying and achieving)

- 긍정적인 기여(making a positive contribution)

- 경제적인 안정(achieving economic well-being)

[그림 4-12] 아동을 위한 개혁방안의 다섯 가지 목표

출처: http://www.poolhayesprimary.co.uk/every_child_matters.html.

　아동을 위한 개혁방안을 실행하기 위해 「아동법(Child Act 2004)」과 「아동보육법(Childcare Act 2006)」이 개정되었고, 「아동보육법」의 개정으로 인해 지방정부에 다음과 같은 새로운 의무를 부과하였다.

　첫째, 접근 기회가 높은 통합된 형태의 영유아기 서비스를 통해 5세 이하 모든 영유아의 발달적 성과를 향상시키며, 저소득층 소외집단의 격차를 축소시키도록 지방정부에 새로운 의무를 부과한다. 둘째, 지역공동체의 요구를 충족시키고 특히 저소득층 가정 아동과 장애아동에 초점을 둔 아동보육을 보장할

한국

일본

미국

영국

프랑스

독일

스웨덴

수 있도록 지방정부에 새로운 의무를 부과한다. 셋째, 부모들이 육아관련 정
보 이용기회를 보장받을 수 있도록 지방정부에 확대된 의무를 부과한다. 넷째,
유아교육과 보육서비스의 조정체계를 개혁하고 단순화하여 서비스 체계의 관
료주의를 지양하고 서비스의 질을 향상시킬 수 있도록 한다. 다섯째, 5세 이하
아동의 학습과 발달을 위한 새로운 단일 교육과정인 영유아기 기초단계(Early
Years Foundation Stage) 교육과정을 구성하여 높은 서비스 기준을 유지하고 아
동의 발달적 성과를 촉진한다.

[그림 4-13] 아동을 위한
개혁방안 이해하기

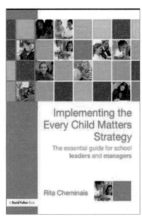

[그림 4-14] 아동을 위한
개혁방안 전략 실행하기

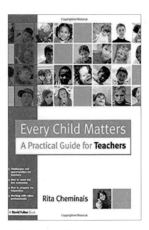

[그림 4-15] 아동을 위한
개혁방안 교사용 지침서

1) 슈어 스타트 아동센터(Children's Center)

슈어 스타트 아동센터는 종일제 보육서비스와 결합된 질 높은 교육기관으
로, 학습을 지원하는 질 높은 교사, 아동과 가족의 건강서비스, 부모를 위한 복
지, 가족지원 서비스, 아이돌보미 네트워크를 위한 기반, 특별한 요구를 가진

아동과 부모를 위한 지원, 부모와 보육교사를 지원하기 위한 직업센터와의 효율적 연계를 목적으로 한다. 대부분의 아동센터에서 보육서비스를 이용할 수 있는데 그중 절반의 아동센터에서는 보육서비스를 직접 제공한다. 아동센터에서는 대부분 부모지원 서비스를 제공하고 있는데 아동센터에서 직접 제공하거나 다른 기관과 연계하여 제공한다. 아동센터에서 공통적으로 제공하는 프로그램은 부모 및 양육자를 위한 문해, 언어, 수와 같은 기초 지식과 기술이 대부분이며, 학습장애를 포함한 장애아 부모를 위한 프로그램, 한부모 및 십대부모 지원 프로그램 순이다.

슈어 스타트 지역 프로그램(Sure Start Local Program: SSLP)은 지역사회에 기초하여 영국 내 환경이 열악한 지역에서 여러 기관이 공동으로 담당하고 있으며, 이 중재 프로그램의 목적은 0~4세 아동의 발달과 삶의 질을 향상시키고 가족을 지원하는 것이다. 영국 슈어 스타트 지역 프로그램 16개를 분석한 결과, 효과적인 슈어 스타트 지역 프로그램 특징은 다음과 같다. 해당 지역의 인구사회학적 배경이나 종교 등과 같은 지역적 특성에 맞추어 운영되고 있으며, 프로그램의 규모나 복잡성은 매우 다양하다. 이러한 다양성에도 불구하고 효과적인 프로그램의 주요 특징으로 부모의 임파워먼트(empowerment)와 다원적 팀워크(multi-agency team work)를 들 수 있다.

한국

일본

미국

영국

프랑스

독일

스웨덴

[그림 4-16] Foundation Years 홈페이지

출처: www.foundationyears.org.uk.

효과적인 슈어 스타트 지역 프로그램을 운영하기 위해 중앙정부에서는 지역 서비스와 지역사회의 우선적 사안에 적합하도록 지역의 요구를 경청하고, 신속하게 전문가의 요구를 규명하고 목표를 설정해야 함과 동시에, 중앙정부의 슈어 스타트 원칙을 준수해야 한다(정한별, 2016). 숙련된 교직원의 배치와 훈련이 적절하게 이루어져야 하며, 필요한 시점에서 효과적인 서비스를 제공하기 위해 교직원을 융통성 있게 채용하며, 담당자들 간 협력적인 팀워크를 위해 적절한 훈련과 조정이 필요하다.

부모참여는 현재 영국의 ECEC 정책에서 매우 중요한 요소이다. 슈어 스타트 프로그램은 부모교육과 부모참여에 대한 지원을 강조한다. 슈어 스타트 지역 프로그램의 경우, 부모와 지역사회 구성원에 의해 프로그램 운영이 절반 이상 이루어지므로, 부모는 슈어 스타트 프로그램에 있어서 매우 중요한 파트너이다. 최근 슈어 스타트 프로그램의 평가결과는 슈어 스타트 지역 프로그램이 다양한 형태로 부모에게 영향을 주었음을 보여 주었다. 새로운 영유아기 기초단계 교육과정과 「아동보육법(Childcare Act 2006)」은 지역서비스의 계획, 전개, 수행 및 평가에 대한 부모의 적극적 참여를 권고하는 차원을 넘어 이를 강력히 요구하였다.

2012~2016년 9,000개의 부모 리뷰를 분석한 결과, 영국 부모들은 지난 5년 동안 보육환경이 지속적으로 악화되고 있다고 인식하였다. 2012년 이용 중인 보육시설에 대해 '좋음' 또는 '우수함'으로 평가한 부모의 비율은 88.7%였던 반면, 2016년에는 이에 대한 응답이 82.5%로 낮아졌으며, '좋지 않음' 또는 '나쁨'으로 평가한 부모는 2012년 9.3%에서 2016년 12.8%로 증가하였다(육아정책연구소, 2016).

2016년 9월 이후, 30시간 무상보육계획이 8개 지역에서 시범적으로 실시되었는데, 시범 실시 기간 동안 잉글랜드 전역과 시범 실시 지역에서 보육서비스 제공이 6% 증가하였고, 동일 기간 동안 보육 장소는 1% 증가하였다. 이러한 수치는 30시간 무상보육의 실시로 인해 결과적으로 보육서비스 공급이 증가되었음을 의미한다(육아정책연구소, 2017).

2) 연장제 학교 서비스(Extended School Services)

영국 전역의 학교에서 시행되고 있는 연장제 서비스는 보육 이외에도 아동을 위한 다양한 활동, 성인대상 교육, 양육지원, 사회복지시설 이용과 같이 학교에서 아동과 가족에게 제공되는 서비스로 주로 정규 교육시간 이후에 이루어진다. 연장제 학교 서비스의 주요 성과는 초등학교의 연장 서비스, 중등학교의 연장 서비스, 학교시설 개방, 가족 학습, 학습 이외의 아동 지원이다.

한국

일본

미국

영국

프랑스

독일

스웨덴

3) 영유아기 기초단계 교육과정(Early Years Foundation Stage)

2000년 9월 영국 정부는 8세 이하 아동의 유아교육 · 보육 서비스를 위하여 국가수준 교육과정인 기초단계(Foundation Stage) 교육과정을 도입하였고, 2001년에는 국가기준을 제시하였다. 이 교육과정은 3세부터 핵심단계(Key Stage) 1, 2에 해당하는 초등학교 예비학급 연령 아동을 대상으로 한다. 2000년 국가자격 및 교육과정 관리국(QCA)은 영유아기 학습목표로 놀이의 중요성을 강조하였으나, 취학 전 단계의 마지막 시기에 해당하는 5세 아동의 경우에는 학업성취 목표를 제시하였다. 2008년 9월 대상 아동을 0~5세 아동으로 확대하는 영유아기 기초단계 교육과정을 개발하였다.

[그림 4-17] 영유아기 기초단계에서 학습 촉진하기

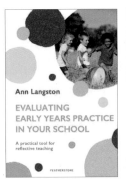

[그림 4-18] 영유아기 기초단계에서 실제 평가하기

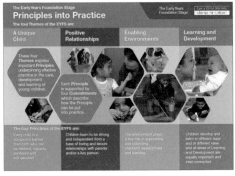

[그림 4-19] 영유아기 기초단계의 네 가지 원리

영유아기 기초단계(Early Years Foundation Stage: EYFS)를 위한 지원 프로그램의 목적은 기초단계의 질적 향상과 교사가 질적으로 우수한 유아교육 · 보육 경험을 제공하도록 안내하는 것이다. 모든 교사는 자신의 전문성을 제고하기 위해 2004~2006년 매년 4일 동안 교육과정 개발 프로젝트, 말하기와 의사소통 프로젝트, 아동에게 경청하기 훈련, 질적으로 우수한 실외놀이 지원 및 개발 프로젝트, 기초단계(Foundation Stage)에서 핵심단계(Key Stage)로의 전이 프로젝트 등에 참여하였다. 국가수준 교육과정인 영유아기 기초단계 교육과정(EYFS)은 지속적으로 발전하고 있으며, 모든 연령 영유아를 위한 서비스의 질적 향상을 도모하는 하나의 새로운 틀이 되었다.

EYFS의 궁극적인 목적은 아동을 위한 개혁방안(Every Child Matters)에서 선정한 안전, 건강, 즐거움과 성취, 긍정적인 기여, 경제적인 안정의 다섯 가지 목표를 모든 아동이 달성하도록 돕는 것이다. EYES는 특별한 유아, 긍정적 관계, 좋은 환경, 학습과 발달이라는 네 가지 원리에 기초하고 있으며, 핵심 발달 영역으로 성향과 사회·정서발달, 의사소통과 언어·문해, 수학적 발달, 세계에 대한 이해·지식, 신체발달, 창의성 발달의 여섯 가지를 선정하였다(박은혜, 신은수, 조형숙, 2012). EYES 아동평가는 기초단계에서의 형성평가와, 만 5세 기초단계 말의 총괄평가로 구분된다.

4. 유아교육·보육 교사

교사자격제도는 8세 이하 아동을 1일 2시간 이상 보육하는 서비스에 적용되며, 3~4세를 위한 취학 전 교육(Pre-primary education) 기관 교사는 국가자격 및 교육과정 관리국(Qualifications and Curriculum Authority: QCA)의 조건을 충족해야 한다. 자격과 재정지원에 대한 감사는 서비스 유형과 자체규정에 따라 다른데, 가정보육을 포함하여 개별보육과 종일보육을 실시하는 탁아소(Creche), 일반 보육시설(Day Nursery) 및 방과 후 보육시설은 2년마다 평가하

며, 재정지원을 받는 취학 전 기관은 4년마다 평가한다. 2005년부터 학교를 포
함하여 8세 이하 아동을 교육·보육하는 모든 기관은 3년에 한 번씩 평가하고,
모든 평가는 교육기준청(Ofsted) 산하로 통합되었다(문무경, 2007).

[그림 4-20] 영국 탁아소(Creche) 전경

출처: https://livewirewarrington.co.uk/leisure/childrens-activities/livewire-creche.

[그림 4-21] 영국 보육시설(Day Nursery) 전경

출처: http://www.fairytalesdaynursery.com/.

[그림 4-22] 영국 교육기준청(Ofsted) 로고

[그림 4-23] 영국 노팅엄 대학교 보육시설(Day Nursery) 전경

출처: https://www.nottingham.ac.uk/child-care/services/day-nursery.aspx.

　　육아지원 인력의 자격기준 및 양성과정은 다음과 같다. 교사자격 수준과 유형은 근무하는 ECEC 서비스 형태와 기관에 따라 다르며, 8세 이하의 아동을 보육하면서 집단 프로그램을 운영할 경우, 3급(Professional diploma) 이상의 자격이 요구되며, 기관별 교직원의 50%는 최소 2급 자격을 소지해야 한다. 아이돌보미 자격은 지방정부가 승인한 양성훈련 기관에서 6개월 과정을 이수할 경우 취득할 수 있다. 보육교직원이 자격기준을 충족하지 못한 기관의 경우, 자격기준의 충족 시기와 방법에 대해 세부적인 내용을 작성한 실행계획을 교육기준청(Ofsted) 감독관에게 제출해야 한다. 모든 유형의 보육시설에서 교사자격 수준을 높이기 위해서는 재정지원을 확대하고, 기관장에게 권한을 부여하며, 교사 대 유아 비율을 완화해야 한다.

[그림 4-24] 영국 아이돌보미 자격 홍보 캠페인

출처: https://www.iow.gov.uk/Residents/Schools-and-Learning/Early-Years-Service/Early-Years-Education-and-Childcare-Information/CHILDMINDING-RECRUITMENT-CAMPAIGN.

[그림 4-25] 영국의 아이돌보미

출처: Nursery World(2018. 11. 23.).

1) 자격기준

육아지원 인력의 자격기준은 국가자격 및 교육과정 관리국(Qualifications and Curriculum Authority: QCA)이 인정하는 등급에 따라 8등급으로 구분된다.

〈표 4-1〉 육아지원 인력 자격기준

등급	내용
1급(초급)	GCSE 등급 D-G, 초급 GNVQ, 1등급 NVQ
2급(중급)	GCSE A-C, 중급 GNVQ, 2등급 NVQ
3급(고급)	A등급, 고급 GNVQ, 3급 NVQ
4급(고급)	높은 수준의 자격, BTEC Higher National, 4급 NVQ
5급(고급)	높은 수준의 자격, BTEC Higher National, 5급 NVQ (유아교육에서 초급)
6급(고급)	우등 등급
7급(고급)	석사급
8급(고급)	박사급

출처: 문무경(2007).

[그림 4-26] 영국 국가자격 및 교육과정 관리국(QCA) 홈페이지

출처: https://www.qca.org.uk/.

2006년 기준 유아학교와 보육시설 교직원의 70% 이상이 최소 2급 자격을 소지하고 있었고, 종일제 보육시설 교직원의 86%, 아동센터 교직원의 91%, 전체 보육시설 교직원의 86%가 2급 자격을 소지하고 있었다. 또한 기간제 보육시설 교직원의 76%, 방과 후 학교 교직원의 73%, 휴일 클럽 교직원의 72%가 최소 2급 자격을 소지하였다. 아이돌보미의 경우 자격을 소지하지 않은 경우가 많았는데, 1급 자격 소지자는 52%, 2급 자격 소지자는 43%에 불과하였으며, 종일제 보육시설 교직원과 초등학교 내 유아학교에서 근무하는 교직원의 70% 이상은 최소 3급 자격을 소지하였다. 유아학교와 종일제 아동센터 교직원의 경우 80%가 3급 자격 소지자였고, 기간제 보육시설, 방과 후 학교, 휴일 클럽 교직원의 3급 자격 소지자 비율은 각각 58%, 51%, 53%로 낮은 편이었다.

8세 미만 아동의 보육에 관한 국가 기준(National Standards for Under Eights Day Care and Childminding: Full Day Care)에 의하면 종일제 보육시설에서 근무하는 모든 책임관리자 및 관리자급 교직원은 최소 3급 이상의 자격을 갖추어야 하고, 모든 보육교직원의 절반 이상이 아동보호와 발달을 위해 2급 이상 자격을 소지하도록 규정되어 있다. 2006년 기준 보육시설의 경우 6급 이상의 자격을 소지한 교직원 비율은 시설유형별로 10% 미만이며, 종일제 아동센터의 경우 10% 정도로 나타나 다른 유형의 시설에 비해 약간 높은 편이다. 유아학교의 경우 6급 이상의 자격을 소지한 교직원 비율은 유아학급 없이 초등 예비학급만 있는 학교가 45%로 가장 높고, 유아학급과 초등 예비학급이 함께 있는 학교, 그리고 유아학교는 각각 38%, 30%이다.

2) 현직교육

모든 유아학교와 보육시설 교직원은 직무연수를 이수해야 하는데, 직무연수는 보육시설 교직원의 경우 응급처치, 아동안전, 식품위생에 관한 내용이며, 유아교사의 경우 응급처치와 장애통합에 관한 내용의 직무 연수를 가장 많이 받고 있다. 유아학교 교직원의 82%, 종일제 보육시설 교직원의 76%, 특히 종일제 아동센터 교직원의 85%는 직무연수 계획이 문서화되어 있으나, 기간제 보육시설 교직원의 63%, 휴일 클럽 교직원의 68%, 방과 후 클럽 교직원의 66%는 연수 계획이 구체화되어 있지 않다. 유아학교 교직원 직무연수의 경우 유아교사를 위한 구체적인 연수가 아닌, 학교 전반에 관련된 직무 연수계획에 포함되어 이루어진다.

　종일제 아동센터의 85%, 유아학교의 87%는 직무연수를 위한 별도 예산이 확보되어 있으며, 직무연수 계획과 연수예산은 2003년 대비 2006년 약 10% 증가하였다.

한국

일본

미국

영국

프랑스

독일

스웨덴

Epilogue

　육아 선진국으로 불리는 영국의 육아정책 핵심은 통합적이고 포괄적인 서비스를 제공하기 위한 영국 정부의 의지와 일관된 노력이다. 영국 정부는 아동 및 가족과 관련된 모든 부처를 연계하고 총괄하는 조직을 발족하여 육아정책의 일관성을 유지하고 있다. 영국 전 지역의 슈어 스타트 아동센터를 통해 교육과 보육, 장애아 지원, 부모와 교직원 직업훈련, 상담, 정보제공 등을 총망라하는 포괄적인 서비스를 제공함으로써 아동과 가족이 다양한 요구를 충족시킬 수 있도록 지원하고 있다. 영국 정부는 Every Child Matters에서 설정한 모든 아동을 위한 보편적 목표를 향해 단 한 명의 아동도 뒤처지거나 낙오되지 않도록 보장할 것을 천명함과 동시에 빈곤아동, 장애아동과 같이 특별한 요구가 있는 아동에 대해서도 관심을 기울이고 있다. 영국 정부처럼 다른 모든 국가도 단순히 육아지원서비스를 제공하는 역할만 담당하기보다는 '아동과 부모의 옹호자'가 되어야 한다.

참고문헌

문무경(2007). 영국의 육아정책: 세계육아정책동향 시리즈 4. 서울: 육아정책개발센터.

박은혜, 신은수, 조형숙(2012). 세계 유아교육과정 동향에 비추어 본 국가수준 교육과정의 개정 방향: 영국, 뉴질랜드, 미국의 유아교육과정 비교를 기반으로. 유아교육학논집, 16(5), 487-514.

송신영, 장혜진(2016). 유아교육·보육 기관평가 국제비교 및 정책적 시사점−영국, 노르웨이, 뉴질랜드를 중심으로. 열린부모교육연구, 8(1), 157-180.

육아정책연구소(2016). 2016년도 해외 육아정책 동향 정보 자료집. 서울: 육아정책연구소.

육아정책연구소(2017). 2017년도 해외 육아정책 동향 정보 자료집. 서울: 육아정책연구소.

윤은주, 이진희(2011). 위에서 아래로의 유아교육 질 향상에 대한 우려: 영국유아교육 개혁의 교훈. 열린유아교육연구, 16(5), 293-311.

장민영, 박은혜, 이진화(2017). 유아교육 및 보육 정책 환경과 효과 분석: 핀란드, 영국, 일본을 중심으로. 육아정책연구, 11(3), 21-45.

전세진(2019). 부모휴가 제도가 아동 행복에 미치는 영향: OECD 국가를 기준으로. 숭실대학교 대학원 석사학위논문.

정한별(2016). 영유아 보육의 국가책임에 관한 헌법적 연구. 서울대학교 대학원 석사학위논문.

EBS 세계의 교육현장(2010. 10. 6.). 책 읽어 주는 아빠의 힘: 영국의 독서교육 1부. https://www.youtube.com/watch?v=j5U1keb3KGI

Foundation Years 홈페이지(www.foundationyears.org.uk)
http://oecd.mofa.go.kr/
http://www.crimeandinvestigation.co.uk/crime-files/victoria-climbie
http://www.fairytalesdaynursery.com/

http://www.nutfieldnursery.co.uk

http://www.poolhayesprimary.co.uk/every_child_matters.html

https://en.wikipedia.org/wiki/Demography_of_the_United_Kingdom#Languages

https://livewirewarrington.co.uk/leisure/childrens-activities/livewire-creche

https://www.iow.gov.uk/Residents/Schools-and-Learning/Early-Years-Service/
　　　Early-Years-Education-and-Childcare-Information/CHILDMINDING-
　　　RECRUITMENT-CAMPAIGN

https://www.nottingham.ac.uk/child-care/services/day-nursery.aspx

https://www.qca.org.uk/

Nursery World(2017. 12. 18.)

Nursery World(2018. 11. 23.). https://www.nurseryworld.co.uk/nursery-world/
　　　news/1166238/dfe-axes-childminder-funding-scheme

OECD 홈페이지(www.oecd.org)

West Lothian Council 홈페이지(www.westlothian.gov.uk)

www.amazon.co.uk

Chapter 05

프랑스 France

Prologue 🖊

고소한 바게트와 커피 향이 물씬 풍기는 나라 프랑스.

프랑스는 세계에서 가장 로맨틱한 나라로 손꼽힌다. 도시 어디에서도 에펠탑이 보이는 파리는 많은 여행자가 아름답고 멋진 도시로 기억한다. 낭만과 로맨틱함의 상징 파리, 콰지모도의 종소리가 들릴 것만 같은 노트르담 대성당, 로댕의 조각을 보며 카푸치노 한 잔을 음미하는 파리지앵. 매트로 곳곳의 소박한 예술 공연은 우리를 꿈꾸게 하고 감성을 끌어올린다. 시민혁명으로 이룩한 민주국가인 프랑스의 국민들은 자신의 권리가 침해당하는 것을 싫어하고 권리 주장을 위한 투쟁을 서슴지 않아 프랑스 곳곳에서 시위가 자주 일어난다. 자신의 권리 주장을 당연시하지만, 부드러운 감성을 지닌 나라, 프랑스!

Ⅰ. 개요 및 역사적 맥락

1. 개요

　　프랑스 공화국 또는 프랑스는 지리적으로 서유럽의 본토와 남아메리카의 프랑스령 기아나를 비롯해 여러 대륙에 걸쳐 있는 해외 레지옹과 해외 영토로 이루어진 국가로서, 유럽 연합 소속 국가 중 영토가 가장 넓고, 수도는 파리이다. 프랑스 본토는 남북으로는 지중해에서 영국 해협과 북해까지, 동서로는 라인강에서 대서양에 이르는 지형적 모양으로 인해 L'Hexagone(육각형)이라고 부른다.

[그림 5-1] 프랑스 국기

　　프랑스는 987년 프랑크 왕국이 멸망하고 카페왕조의 창시로 최초 국가를 형성하였고, 1789년 시민혁명을 통해 공화정부를 수립하게 되었다. 주로 켈트족 계열의 골족과 게르만족, 라틴족으로 구성되어 있고, 알제리, 모로코, 튀니지, 베트남, 라오스 등 옛 식민지 인구가 다수 거주하며, 가톨릭교인이 전체의 88%, 이슬람교인이 약 10%를 차지하고 있다. 정치적으로는 의회민주주의 국가로 삼권이 분립되어 있으

[그림 5-2] 프랑스 지도

나, 헌법에 영구성, 지속성이 없어 미국이나 영국과는 다른 특징을 지니고 있다. 프랑스 국기는 파랑, 하양, 빨강의 세 가지 색으로 된 세로 삼색기인데, 파랑은 자유, 하양은 평등, 빨강은 우애를 상징한다.

[그림 5-3] 민중을 이끄는 자유의 여신, 외젠 들라크루아, 1830년작, 루브르 박물관.

프랑스는 세계에서 손꼽히는 경제 선진국으로 GDP가 약 2조 5,748억 달러인 세계 5위, 유럽 2위의 부유국이다. 특산품으로는 포도주, 레몬, 올리브 등이 생산되며, 항공기, 자동차, 화학공업 발달, 지중해안과 알프스 등의 명승지, 파리의 상징 에펠탑을 비롯한 역사적 건축물이 풍부한 아름다운 관광도시이다.

[그림 5-4] 에펠탑

1) 인구와 언어

고대에 갈리아라고 불리던 프랑스 지역은 이 지역에 살던 켈트족 계열의 골족, 로마의 지배를 거치면서 라틴족, 주변의 민족인 게르만족(프랑크족, 부르쿤트족, 프리슬란트족, 앵글족, 색슨족), 노르만족(데인족, 유트족), 켈트족(브리튼족, 픽트족, 게일족)과 융화하여 오늘날의 프랑스인 정체성을 형성하였다. 피레네 산맥의 바스크 지방에는 체격, 용모 등이 프랑스인과는 다른 바스크인이 거주하며, 프랑스 국경 인근에는 독일인, 룩셈부르크인, 왈로니족, 플란데런족 등이 거주한다. 최근에는 EU권 내의 각 국가로부터 이주 노동차를 받아들이고 있으며, 알제리, 모로코, 튀니지 등의 북아프리카와 세네갈, 기니 등의 서아프리카 및 베트남, 캄보디아, 라오스 등 옛 식민지 국가의 인구도 다수 거주한다. 특히 폴란드, 우크라이나, 체코, 벨라루스, 러시아, 슬로바키아와 같은 동유럽에서 온 슬라브족이 많이 거주한다.

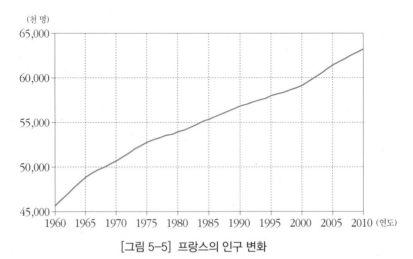

[그림 5-5] 프랑스의 인구 변화

출처: 프랑스 통계청(2010).

한국
일본
미국
영국
프랑스
독일
스웨덴

　프랑스는 출산율 증가를 위해 적극적인 육아지원 정책을 펼쳐 1999년 이래 지속적으로 인구가 증가하였다. 또한 인구 증가율의 상승은 외국인이 프랑스 국적을 취득하고, 프랑스 사회에 쉽게 적응할 수 있도록 오래전부터 해외 이민자를 수용하여 외국인 동화정책을 수립·시행해 온 결과이다.

　프랑스는 로망스어군에 속하는 언어인 프랑스어를 사용한다. 프랑스어는 프랑스와 벨기에, 스위스, 캐나다, 그 외에도 아프리카 등지의 공용어로서 국제적으로 중요성을 갖는다.

2) 대두되는 문제점

　프랑스는 최근 서구 민주주의에 대한 시민들의 환멸과 노동과 복지의 위기라는 문제를 해결하기 위해 개혁을 요구하고 있다. 사회보장제도의 지속 여부에 대한 의문과 더불어 현행 사회보장체계를 북유럽형 보편주의 복지로 전환하려는 움직임이 시도되고 있다. 사회경제적으로 낮은 경제성장률과 높은 실업률, 사회보장재정의 만성적자 문제를 해결하기 위한 방안이 모색되고 있는 가운데 소득수준에 상관없이 동일하게 지급하던 가족수당을 가정의 소득수준에 따라 차등 지원하는 방향으로 변경하는 등의 정책 전환이 이루어지고 있다. 수십 년간 프랑스에서 집권하던 극우 세력을 몰아내고, 현실적인 변화를 시도한 프랑스인들의 선택이 유럽 출산율 1위를 유지할 수 있을지 주목된다(노대명, 2017).

2. 역사적 맥락

1) 유아교육·보육의 형성과 배경

　프랑스 유아교육·보육은 현대적인 의미의 첫 보육시설인 오베르랑(Jean Frederic Oberlin)의 편물학교에서 출발하였다. 초기에는 유아들에게 편물, 바느질하기, 실감기 등의 수기활동을 강조하고, 종교교육, 올바른 습관형성, 자연교육 등을 실시하였다.

[그림 5-6] 오베르랑(1740~1826)

[그림 5-7] 오베르랑 박물관 전경

　1801년 빈민구제 사업의 일환으로 '아동위탁소'를 설립하여 생후 6개월 이상의 영유아를 보호하였고, 1825년 16개월에서 6세까지의 저소득층 영유아를 대상으로 하는 '아동보호소'를 설립하였다. 20세기 중반에는 정직하고 고상하며 기독교적 정신을 가진 인간으로 기르는 것을 목표로 하는 현대적 의미의 유치원인 '유아학교'로 발전하게 된다. 초기 보육시설인 크레쉬는 1844년 파리에 최초로 설립되어 1875년까지 그 수가 증가하였으나, 아동과 가족 간의 연결고

리를 약화시키고 어머니의 역할과 의무를 약화시키며 영아에게 모유를 먹이는
의무를 저버린다는 이유로 사회적으로 비판이 제기되었다.

2) 유아교육·보육의 발전과정

초기 보육시설은 영유아의 건강과 위생을 강조하는 복지서비스 성격으로
노동자 계층 자녀의 신체 보호와 양육에 중점을 두었다. 1881년 법령을 통해
공보육체계로 통합하여 종교적 중립성과 더불어 무상교육을 실시하게 되었
고, 1886년 프랑스 교육의 기본학제에 포함되어 발달에 기초한 교육을 강조하
는 방향으로 변화하였다. 20세기 이후 인구를 국가경쟁력의 중요 자원으로 인
식하게 되면서 출산장려정책을 실시하고, 아동양육과 교육에 대해 국가가 직
접적으로 개입하기 시작하였다.

제2차 세계대전 이후 탁아와 보호 기능을 담당하던 보육시설이 의료적 측면
을 고려하게 되면서 보육시설에 외부인의 출입을 엄격히 규제하였다. 이처럼
의료 및 보건위생을 중시하다가 1960년대 아동발달에 관한 심리학 이론이 등
장하면서 보육시설의 역할이 재평가되고, 유아교육기관의 중요성이 강조되면
서 보육에 대한 적극적인 지원이 이루어졌다.

1980년대 이후 개별화된 보육서비스를 지원하고, 1994년 이후 신자유주의
경제원리의 도입으로 인해 공공보육정책을 도입하였다. 오늘날 프랑스 보육
제도는 초기 자선적 성격을 벗어나 가정생활과 사회생활의 조화를 돕는 지원
체계 역할을 담당하며, 유아교육제도의 경우에도 거의 모든 3~5세 유아가 무
상교육의 혜택을 받고 있어 제도화된 보편적 접근권을 제공하고 있다.

한국

일본

미국

영국

프랑스

독일

스웨덴

Ⅱ. 양육지원

1. 일 · 가정 양립

1) 출산율

프랑스는 18세기 이후 유럽뿐만 아니라 전 세계적으로도 출산율이 가장 낮은 국가 중 하나였다. 제2차 세계대전 이후 인구 증가율이 감소함에 따라 노동력 부족, 고령화, 인구의 도시집중화 등 사회문제가 대두되었으나, 아동과 가족을 위한 프랑스 정부의 적극적이고 다양한 사회복지정책으로 인해 2000년대 이후 '미니베이비붐'을 일으켰다. 그 결과, 출산율 2.1명으로 유럽 국가 중 출산율 1위를 차지하였고, 선진국 중 드물게 이민자의 증가보다 출산이 인구증가에 더 큰 영향을 미친 대표적 사례이다.

이는 여성의 초산연령 증가나 젊은이들의 결혼기피현상을 완화시키기 위해 프랑스 정부가 적극적으로 출산장려정책을 추진한 결과로 평가된다. 결혼제도의 다양성을 인정하고 존중하는 의미에서 1999년부터 시행된 사회연대협약(Pacte Civil de la Solidarité: PACS) 제도를 도입하여 동거 커플에게도 결혼에 준하는 사회적 권리를 인정하고, 육아지원

[그림 5-8] 로레알(일 · 가정 양립)

관련 수당을 수령할 수 있도록 하였다.

　실제로 프랑스 전체 출산의 52%는 법적 부부에 의한 출산이 아님에도 불구하고, 다양한 육아지원 관련 수당을 받으며 법적 부부와 동일한 혜택을 누리고 있다. 최근 북아프리카와 아시아계 이민자 수가 늘어 인구가 7% 증가하였고, 이는 출산율 증가에도 영향을 주었다. [그림 5-9]에는 프랑스의 합계 출산율과 비혼 출산율의 변화가 제시되어 있다.

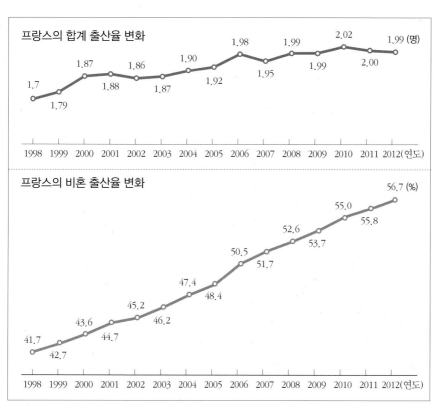

[그림 5-9] 프랑스의 합계 출산율 변화와 비혼 출산율 변화

출처: OECD(www.oecd.org).

2) 여성취업률

프랑스는 여성취업률이 매우 높은 국가인데, 2016년 기준 프랑스 여성의 경제활동 참여율은 67.9%로, 4명 중 3명이 취업상태이다(한국은행, 2018). 최근 여성의 교육수준이 증가하여 취업연령이 점차 높아지고 있으며, 여성의 경제활동 참여율도 증가하고 있는 추세이다. 결혼이나 육아로 사회활동을 중단하는 여성이 감소하는 이유는 육아에 대한 사회적 지원이 증가하고 있기 때문이다.

일반적으로 여성의 경제활동 참여율이 증가할수록 기회비용의 증가로 인해 출산율이 감소하는 것으로 알려져 있으나, 프랑스는 이러한 원칙에서 예외에 해당한다. 이는 프랑스 사회가 자녀양육과 사회적 활동을 병행할 수 있도록 적극적으로 지원하기 때문이다. 즉, 여성이 일과 가정생활을 양립할 수 있도록 사회적인 양육지원체계를 제공하고 있다. 그러나 취업 여성의 1/4이 시간제 근로자인데, 시간제 근로자의 경우 자녀 수가 많고, 자녀가 3세 미만인 경우가 다수이다. 시간제 근로는 근본적으로 개인의 경제적 안정을 보장하지 못할 뿐만 아니라 노동시장에서의 성차별을 초래할 수 있다. 따라서 프랑스 정부는 국가 정책적인 차원에서 일·가정 양립을 위한 방안으로 시간제 근로를 강조하지 않는다.

[그림 5-10] 프랑스 육아의 비밀

출처: EBS 대기획 9부작 가족쇼크-5부 행복한 훈육.

한편, 여성의 취업률은 가족의 형태에
따라서도 다르게 나타난다. 자녀가 3세
미만인 경우에는 한부모가정 여성이 양
부모가정 여성보다 취업률이 낮으나, 자
녀가 3세 이상이 되면 한부모가정 여성의
취업률이 양부모가정 여성의 취업률보다
더 높아지는데, 이는 가족의 생계를 여성
이 책임져야 하기 때문이다.

[그림 5-11] 프랑스 가족

출처: 고용노동부 일家양득 홈페이지
(http://moel.skyd.co.kr/).

2. 양육정책

"프랑스는 아이가 부모를 먹여 살린다."라고 말할 정도로 육아를 지원하는
수당이나 혜택이 다양하다. 프랑스는 유아교육·보육에 소요되는 육아비용을
국가가 전액 부담하는 것을 기본원칙으로 하며, 개인은 소득에 따라 부가서비
스에 대한 비용을 차등적으로 부담한다. 프랑스의 GDP 대비 가족 지원을 위
한 공공 지출의 비율을 살펴보면, 전체의 4%를 자녀가 있는 가정에 지원한다
(조선일보, 2016. 10. 12.). 저출산 극복을 목적으로 다양한 수당 지원 체계가 마
련되어 있다는 점이 프랑스 육아정책의 특징이다.

프랑스 「노동법」은 임산부의 출산휴가를 출산 전 6주, 출산 후 10주, 셋째 자
녀부터는 출산 전 8주, 출산 후 18주, 쌍둥이 출산 시는 2배(출산 전 12주, 출산
후 22주)로 정하여 유급으로 보장하고 있다. 무급 출산휴가는 3년까지 가능하
며 출산수당(한 명당 889.72유로)과 육아수당(소득수준에 따라 월 177.95유로)을
지급한다. 출산으로 인한 휴직 시 월 552.11유로를 보조하는데(CAF, 2009), 이

기간 동안의 급여는 사회보장기구가 지급하며 소득 대체율 100% 또는 최대 월 3,000유로가 지급된다(이혜원, 2013). 또한 임산부는 임신기간 동안 출산 이후 의무적인 건강진단을 위해 직장에서 휴가를 받을 권리가 보장되어 있고, 출산 중 자녀가 사망하는 경우에도 임산부는 출산 후 휴가를 사용할 수 있으며, 임산부가 사망하면 아버지가 출산휴가를 받을 수 있다.

〈표 5-1〉 프랑스의 자녀 수별 휴가기간(2009년)

태어날 자녀 수	기존 자녀 수	출산전 휴가기간	출산후 휴가기간	전체 육아휴가 기간
1명	0~1명	6주	10주	16주
	2명 이상	8주	18주	26주
쌍둥이	–	12주	22주	34주
세쌍둥이	–	24주	22주	46주

출처: 프랑스 가족수당지원국(www.caf.fr).

　프랑스 정부는 OECD 국가 중 가족정책을 위해 가장 많은 재정을 지원하고 있는데, 프랑스에서 자녀를 출산한 경우에는 누구나 가족수당을 받을 수 있다 (Berger, 2008). 프랑스에는 가족수당지원국(CAF)이 전국적으로 100개 이상 설치되어 있어 각종 수당을 지급 및 관리한다. 구체적으로 다자녀 수당, 가족보조금, 개학준비수당, 영아 육아수당 등 가족관련 수당을 비롯하여 주거비 보조금, 장애인 보조금, 최저소득 보조금 등이 지급된다(Cnaf, 2015).

1) 가족수당

　프랑스에 거주하는 만 20세 미만의 두 자녀 이상을 둔 모든 부모에게 지급하는 수당으로 첫째 자녀를 제외하고 자녀가 14세가 되면 월 64.67유로의 할증 금액이 지급된다. 2015년 7월부터 가구 소득에 따라 가족수당액과 연령 할증률을 다르게 적용하여 지급하는데, 이는 매월 약 120유로에서 430유로에 해당한다.

2) 출산수당 및 영아 육아수당

출산수당은 둘째 자녀 출산 시부터 308유로에서 923유로까지 세 등급으로 분류하여 지급하며, 3세 미만 자녀를 둔 부모에게 지급하는 영아 양육수당은 태어난 달의 다음 달부터 매월 172유로를 지급한다.

3) 가족보조금(특별수당)

취약계층을 위한 가족보조금으로 만 21세 미만의 세 자녀 이상을 둔 저소득층 가정 부모, 장애아동을 둔 부모가 대상이다. 이 외에 최저소득층 부모에게 초등학생 이상 자녀의 학업과 관련하여 지원하는 개학수당과 한부모가정 가족부양수당 등이 있다.

[그림 5-12] 아빠와 놀이 중인 프랑스 영유아

출처: 키즈TV뉴스(2018. 6. 6.).

4) 아이돌보미 보조금

소득수준과 자녀 수에 따라 월 87.19유로에서 460.93유로로 구분하여 지원하고 있으며, 2015년부터 소득수준 상위 20%에 해당하는 가정은 보조금을 삭감하였다.

5) 부모 직접 양육 지원

부모가 직접 자녀를 양육하는 경우 지원하는 육아휴직제도는 자녀의 출생순위에 따라 차등을 두어 지원된다. 첫째 자녀인 경우에는 두 부모가 모두 휴직을 신청하면 6개월에서 최대 1년을 보장하고, 둘째 자녀부터는 주 양육자가 아닌 부모가 6개월의 휴직을 신청하면 두 부모의 총 육아휴직이 최대 3년까지 보장된다.

〈표 5-2〉 프랑스의 가족수당 월 지급액(2018년) (단위: 유로)

자녀 수	수당금액
둘째 자녀	129.86
셋째 자녀	296.24
넷째 자녀 이상	1명당 166.38 증가

출처: 프랑스 가족수당지원국(www.caf.fr).

그 외 육아비용에 대한 대표적인 국가지원제도는 부모가 직장을 퇴사한 경우, 3세 이하 자녀 모두에게 적용되는 취업자유선택보조수당, 초등학교 입학을 위해 유아에게 지급되는 개학준비수당, 입양수당, 장애정도에 따라 차등 적용되는 장애아동 교육수당, 부모 중 한 쪽만 생존한 경우에 지급되는 한부모수당, 자녀 수를 고려한 소득공제제도, 영유아보육 비용의 25% 및 가정보육 비용의 50%까지 환급해 주는 세금환급 제도 등이 있다.

　2008년 유럽의 경제위기 이후 가족정책 지원 재정의 긴축 및 사회보장 재정 효율화를 강조하는 움직임 속에 프랑스는 보편적인 지원에서 저소득층 가정을 중점적으로 지원하는 선별적인 지원으로의 방향 전환이 일부 시도되고 있다. 이는 가족지원을 위한 GDP 대비 공공 지출의 비율이 2009년 4%에서 2013년 3.7%로 감소된 것으로 확인할 수 있다.

　서비스지원으로 대표되는 보육서비스의 제공과 더불어 현금지원, 세금환급·감면 등 세제지원을 포함하는 가족지원정책 전반에 대한 GDP 대비 공공 지출의 비율은 각 국가의 가족지원 정책의 특성을 보여 주는 대표적인 지표인데, 2013년 기준으로 작성된 OECD 자료에 의하면 프랑스는 현금지원의 비중이 가장 높고, 세제지원이 병행되는 구조의 지원정책을 제공하고 있다.

〈표 5-3〉 GDP 대비 가족지원에 대한 공공 지출 비율(2009년 및 2013년)

국가	전체		현금지원		서비스지원		세제지원	
	2009년	2013년	2009년	2013년	2009년	2013년	2009년	2013년
프랑스	4.0	3.7	1.4	1.6	1.8	1.3	0.8	0.8
한국	1.0	1.4	0.04	0.2	0.8	0.9	0.2	0.3
OECD 평균	2.6	2.4	1.2	1.2	0.9	0.9	0.3	0.3

출처: OECD(www.oecd.org).

한국
일본
미국
영국
프랑스
독일
스웨덴

Ⅲ. 유아교육·보육 현황

1. 유아교육·보육 비용

프랑스는 일찍부터 수당 중심 지원체계를 마련하고, 저출산을 극복하기 위해 주로 영아를 위한 보육과 유아를 위한 교육이라는 이원화 체계를 유지하고 있다. 70% 이상의 보육시설이 공립으로 보육의 공공성 확보를 위해 지속적으로 노력하고 있으나, 여전히 보육시설 부족과 확충 요구가 높은 상황이다. 저출산 극복을 위해 가족지원에 초점을 두고 있으며, 1939년부터 현금급여를 제공하는 정책을 필두로 지원 대상과 범위, 지원 수준을 개선하려고 노력하고 있다. 프랑스의 가족지원정책은 출산휴가부터 가족수당 제공, 세제지원에 이르기까지 다양하여 다자녀 출산에 대한 경제적 유인을 제공하는 것이 특징이다(이혜원, 2013).

유아교육·보육(Early Childhood Education & Care: ECEC)은 국가에 따라 유아교육과 보육이 일원화된 행정체계 안에서 지원되는 경우와 연령을 기준으로 유아교육과 보육이 구분된 경우 등 다양하다. 유아교육과 보육을 명확히 구분하기 어려워 유아교육과 보육을 통칭하는데 이를 ECEC라고 표현한다. 2013년 기준 유럽 국가의 0~2세 ECEC 이용률을 보면, 프랑스는 49.7%로 OECD 국가 평균인 32.9%보다 월등히 높다. 프랑스의 유아교육·보육 서비스 이용 현황을 살펴보면, 무상교육의 실시로 대부분의 유아가 유아학교를 이용하고, 3세 미만 영아의 절반 이상은 부모가 직접 돌보며, 10%는 보육시설을, 24%는 가정보육모나 아이돌보미를 이용한다(Cnaf, 2015).

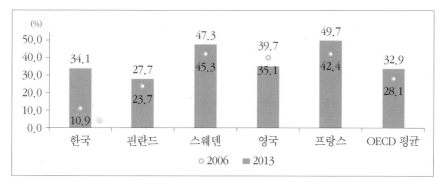

[그림 5-13] 0~2세 유아교육 · 보육(ECEC) 이용률

출처: OECD(www.oecd.org/social/family/database.htm). 2016. 10.

[그림 5-14] 프랑스 3세 미만 영아의 주중 낮 시간 돌봄 방식

출처: Cnaf(2015). La branche famille de la Sécurité sociale: Coréen.

최근 여러 회사가 함께 운영하는 직장보육시설의 효과에 대한 콘퍼런스에서 공동 직장보육시설이 부모와 자녀에게 모두 긍정적인 효과를 준다고 보고된 바 있다(Courriercadres, 2016. 7. 5.). 부모는 보육시설이 회사와 가까운 곳에 위치하기 때문에 자신의 근무시간에 맞추어 자녀를 맡기고 데려오는 데에 수월하고, 직장보육시설 설치가 구직자들이 원하는 직장의 조건 중 하나이므로 회사에서도 직장 보육시설의 중요성을 인식하고 있다. 한편, 회사는 직장보육시설 운영에 대한 지출의 83%에 대해 세금 공제 혜택을 받으며, 부모는 소득수준에 따라 보육료를 지불하게 된다.

2. 유아교육 · 보육 기관

프랑스의 유아교육 체계는 제도적으로 잘 정립되어 있고, 교사 양성교육 역시 체계적으로 관리되고 있다. 영아기와 유아기로 나누어 보호와 교육의 통합 서비스를 제공하며, 행정전달 체계는 이원화되어 운영되고 있다. 보육은 노동고용건강부(Ministére du Travail, de l'Emploi, et de la Santé)에서, 시설의 설립 및 운영 관리와 직접적으로 관련된 제반 업무는 지방정부의 책임으로 지역의 사회보건국(Direction Deparemental des Affaires Sanitaires Sociales: DDASS)에서 담당하며, 유아교육은 교육부(Ministére de l'education nationale)에서 담당한다(서문희, 김미숙, 박세경, 최은영, 임정기, 2014; 신윤정, 2012).

프랑스는 영유아 교육 및 보육서비스 행정체계가 연령별로 이원화되어 있다. 3세 미만 영아를 위한 보육시설인 크레쉬(créche)는 여러 부서가 통합된 노동 · 사회 · 가정 · 연대 및 도시부로부터 관리와 지원을 받으며, 가족수당지급처(CAF)나 모자보건국(PMI) 등의 여러 행정기관과 연결되어 있다. 영아보육비의 경우 정부기관인 가족수당지급처(CAF)에서 부모의 소득수준에 따라 차등 지원하고 있다.

한국

일본

미국

영국

프랑스

독일

스웨덴

[그림 5-15] 유아학교에 다니는 프랑스 유아들

출처: 키즈TV뉴스(2018. 7. 24.).

1) 보육제도

프랑스의 보육기관은 공립과 사립으로 구분되고, 보육유형에 따라 시설보육(accueil collectif)과 가정보육(accueil familial)으로 나뉜다. 시설보육기관으로는 집단보육시설(créches collective), 종일제 보육시설(Jardins d'enfants), 시간제 보육시설(haltes-garderies)이 있으며, 가정보육의 형태인 가정보육시설(créches familiales)이 있다. 그 외 시설보육과 가정보육을 겸하거나 정규 종일제 보육과 시간제 보육을 병행하는 혼합형 보육시설(multi-accueil)이 있다. 단일 보육으로 운영하는 시설보육기관은 점점 감소하는 추세이고, 복합유형으로 운영하는 보육기관이 증가하도록 권장하는 추세이다(Bailleau, 2009).

보육시설(créche)은 3개월부터 만 3세까지 이용할 수 있으며 유아학교(École Maternelle)는 3세부터 5세 아동이 이용할 수 있다(서문희 외, 2014). 유형마다 보육 가능한 영유아 인원이 정해져 있고, 보육시설의 70%가 공립이며 나머지 기관도 비영리 단체가 설치한 경우가 일반적이다. 프랑스 정부는 보육시설을 다양화시키기 위해 새로운 보육시설을 제안하고, 주말 운영 보육시설 등의 확충 방안을 모색하고 있다.

[그림 5-16] 프랑스 보육시설(Créche) 전경

출처: Pride Global Bridge(http://pridegb.ngelnet.com/).

[그림 5-17] 프랑스 유아학교(École Maternelle) 전경

출처: Coeur de Beauce(www.coeurdebeauce.fr/).

프랑스 보육시설 운영연맹(FFEC)에서 조사한 바에 따르면, 보육시설 이용에 만족하는 부모 중 98%의 부모가 보육시설에 자녀를 맡기는 것이 자녀의 삶의 질을 높여 준다고 응답했으며, 96%의 부모가 보육시설에 자녀를 맡기는 것을 추천하였다. 그러나 여전히 입소 가능한 보육시설이 많지 않다는 점이 불만인 가운데 2016년 기준 프랑스에는 10만 개 정도의 보육시설이 부족한 것으로 추산된다(FFEC, 2016).

　프랑스 정부는 부족한 보육시설을 확보하고 보육의 질을 높이기 위해 다양한 유아교육 및 보육제도의 협력 방안을 이행하고 있다. 유아교육기관의 보육 기능 부가와 더불어 보육시설에 교육기능을 부가하여 유아교육과 보육의 기능적 통합 서비스를 제공하기 위해 노력하고 있으며, 다양한 육아지원정책을 제공하여 출산율 향상에도 영향을 주고 있다(조희연, 2011).

가정 보육모(assistantes maternelles)는 보육모의 집에서 영유아를 하루 9시간, 주당 45시간 동안 돌본다. 가정 보육모 중 일부는 시설과 연계하여 영유아를 돌보기도 하며, 영유아의 집에 방문하여 돌봄을 제공하는 가정 내 보육모(garde à domicile)도 있다(신윤정, 2012). 어머니의 취업 여부에 따라 종일제 또는 시간제 보육을 이용할 수 있고, 보육료의 경우 이용 보육시간에 따라 부모가 본인 부담금을 지불하는데, 이는 소득수준과 자녀 수에 따라 차등 적용된다. 맞벌이 여부보다는 소득수준을 고려하여 수당과 보육료를 차등지원 또는 부담하는 것이 특징이다. 보육비용의 경우 한 자녀당 최대 2,300유로의 비용에 대해 50%, 즉 연간 1,150유로를 세금 환급 형태로 지원해 준다.

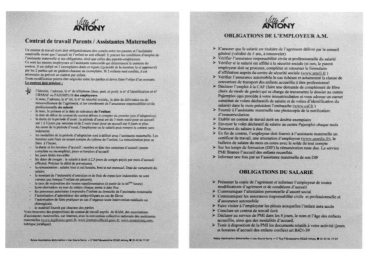

[그림 5-18] 가정 보육모(AM) 계약서 예시

출처: https://blog.naver.com/yiahyoung.

2) 유아교육제도

프랑스의 유아교육은 교육비를 국가가 부담하나, 의무교육은 아니다. 프랑스 혁명의 3대 이념(자유, 평등, 우애) 중 평등사상을 매우 강조하여 교육한다. 프랑스에 거주하는 모든 3~5세 유아에게 3년간 제공되는 프랑스의 유아교육은 OECD 국가 중 교육기간이 가장 길며 취학률도 가장 높다. 공립이 대부분인 유아학교(École Maternelle)에서는 모든 아동을 대상으로 주 4일, 24시간 교육을 진행하는데, 일반적으로 초등학교 내 또는 인근에 설치되어 있다.

유아학교는 매주 수요일은 휴교, 토요일은 반일제로 운영되며, 운영시간 이후 19시까지 방과 후 보육이 제공된다. 반별 정원은 20명 정도이고, 국가 자격을 갖춘 유아학교 교사 1인과 보조교사 1인이 배치된다. 3~5세 유아 대상 보육서비스는 방과 후 및 휴일에 부모가 직접 돌보기 어려운 경우에 한해 제공되며, 점심 급식비용과 연장·방과 후 보육료는 부모의 소득수준에 비례해서 부모가 부담한다(신윤정, 2012).

〈표 5-4〉 프랑스 영유아 유아교육·보육 기관 유형

구분	가정 보육모	보육시설			유아학교
명칭	Assistantes maternelles	Crèches	Haltes-garderies (시간제 보육)	Jardins d'enfants (종일제 보육)	École maternelle
연령	6세 이하	3개월~3세	6세 미만	2~6세 또는 방과 후 아동	3~5세 전부 및 2세 일부

출처: 프랑스 행정부(http://www.service-public.fr).

유아학교 취학 대상 연령은 3~5세이지만 부모가 희망하면서 유아학교에 여석이 있다면 2세도 유아학교에 다닐 수 있다. 2세 영아의 유아학교 조기입학에 관한 논쟁이 한창인 가운데 2세 영아의 취학률은 점차 감소하고 있다(정미라, 조희연, 안재진, 2009). 2세 영아의 유아학교 조기입학에 찬성하는 측은 조기 취학이 이후 학습 부적응이나 어려움을 예방할 수 있다고 강조하는 반면, 반대하는 측은 조기취학이 생체리듬, 언어습득, 심리발달 등 여러 측면에서 발달 및 적응상 문제를 야기할 수 있다고 주장한다.

3. 유아교육 · 보육 프로그램

1989년「교육법」이 제정되면서 프랑스의 초등교육은 유아학교 3년과 초등학교 5년 과정을 통합하여 3개의 주기별 편성체계를 갖추었는데, 이를 통해 유아학교와 초등학교의 연계성을 유지하고 있다.

〈표 5-5〉 프랑스의 초등교육 학제

초등교육 (Premier degré)	초등학교 (École élémentaire)	심화학습 주기 Cycle 3	초등5학년(CM2)
			초등4학년(CM1)
			초등3학년(CE2)
		기초학습 주기 Cycle 2	초등2학년(CE1)
			초등1학년(CP)
	유아학교 (École maternelle)	초보학습 주기 Cycle 1	5세반(GS)
			4세반(MS)
			3세반(PS)

출처: 정미라 외(2009).

　　3세 미만 영아는 학습보다는 학습을 위한 소양을 기르고 감각을 길러 주는 것을 목적으로 한다. 3세 이상 유아는 교육부가 담당하는데, 놀이를 통한 유아교육을 기본으로 학습을 위한 소양을 기르고 준비시키는 것이 목적이다. 특히 유아학교의 마지막 단계인 5세 유아를 위한 주요 교육목적은 초등학교 학습의 준비이다. 프랑스에서는 혁명기부터 공교육에 대한 열망으로 1882년 초등교육의 의무화와 연계하여 유아 무상교육이 실현되었다. 프랑스의 유아교육은 의무교육은 아니지만 공교육의 개념으로 접근하고 있으며, 거의 모든 유아가 유아교육기관을 이용한다.

[그림 5-19] 프랑스의 유아학교 전경(앙슬로 유치원)

출처: EBS 대기획 9부작 가족쇼크-5부 행복한 훈육.

　　프랑스는 유아학교 교육과정에서 교양교육을 통한 전인발달을 특히 강조하며, 유아교육의 교육목표는 시대별로 조금 다르긴 하지만, 교육에 대한 기회 균등을 토대로 하는 공교육 체계를 확립하고 있다.

　　2008년 6월 발표된 프랑스 유아교육과정은 자율성 향상, 언어습득, 유아의 리듬에 맞춘 교육, 초등학교 진학을 위한 준비를 교육목적으로 하며, 다음 다섯 가지 영역으로 구성되어 있다(정미라 외, 2009).

- 언어영역–말하기에 적응하기, 쓰기 발견하기
- 사회영역–학생되기
- 건강영역–신체 운동과 신체로 표현하기
- 탐구영역–주변세계 탐색하기
- 지각, 감성, 상상, 창조 영역–지각하기, 느끼기, 상상하기, 창조하기

프랑스 교육부는 2015년 2월 18일 법령에 열거된 유치원 프로그램 관련 조항을 폐지하고, 새로운 개정안(NOR: MENE1504759A, 법령 18-2-2015-JO of 123-3-2015, MENESR-DGESCO MAF 1)을 발표하였다.

[그림 5–20] 상상력을 키워 주는 프랑스의 감성교육

[그림 5–21] 창의력을 키우는 프랑스의 미술교육

출처: EBS 세계의 교육현장(2010. 10. 11.).

　프랑스의 국가 수준 유아교육과정은 포괄적으로 기술되어 교육의 전체적인 방향만 제시하고, 각 영역의 내용이 일부 소개되어 있을 뿐 구체적인 내용은 교사들이 직접 구성한다. 5개 영역으로 구분한 교육과정은 발달 영역에 근거하기보다는 유아가 교육을 통해 성취해야 할 능력이나 생활경험에 근거하고 있다.

　2015년 개정된 법령에 의하면 유아학교에서 유아에게 제공하는 교육내용은 주로 공동체 생활습관 배우기, 규칙 지키기, 다른 사람과 의사소통하기, 간단한 쓰기, 숫자 알기, 내 주변의 환경 인식하기, 신체활동, 문화 · 예술 활동과 같은 기본적인 교육이다(교육정책네트워크 정보센터, 2015).

4. 유아교육 · 보육 교사

1) 유아교육 · 보육 교사 양성 체계

　프랑스의 유아교육 및 보육담당 전문가는 보육시설에서 근무하는 보육사와 유아학교에서 근무하는 유아교사로 분류된다(정미라 외, 2009).

〈표 5-6〉 프랑스 유아교육 및 보육교사 양성체계

영역	기관	대상 연령	교사	관련 전문가
영유아보육	보육시설	0~3세	영유아보육사	보육전문가
	시간제 보육	0~6세 미만		
	기타	0~6세 미만		
	가정보육	0~6세 미만	가정 보육모	
유아교육	유아학교	3~6세 미만	유아교사	보조교사
방과 후 활동	방과 후 여가센터	3~6세 미만	사회문화교육전문가	

출처: 이화도, 원수현(2007).

[그림 5-22] 영아들을 돌보고 있는 프랑스 영유아보육사

출처: MBC 뉴스데스크(2015. 2. 7.).

(1) 영유아보육사(Educateurs de Jeunes Enfants: EJE)

영유아보육사는 0~5세 보육을 담당하며 다양한 형태의 보육시설에서 근무한다. 전문양성학교 2년 과정을 이수한 후 국가시험에 합격하고, 15개월 동안의 실습과 7개 학습영역의 1,500시간 이론을 수강해야 국가 자격증을 취득할 수 있다. 국가 자격시험은 4단계로 진행되는데, 논문발표, 교육활동에 대한 구두시험, 전문적 의사소통 필기시험, 종합시험을 통과해야 자격증을 받게 된다.

(2) 보육전문가(Puériculteur)

보육전문가는 보육시설장 자격을 가지고 보육전문가 양성학교 3년 과정을 이수하거나, 간호사 또는 사회복지사 자격을 취득한 후 보육전문가 양성학교 1년 과정을 이수하고, 국가고사, 논문, 구두시험을 통과하고 보육시설, 모자보건국, 소아병동, 산부인과, 신생아실에서 실습을 해야 한다.

한국

일본

미국

영국

프랑스

독일

스웨덴

(3) 준 보육사(Auxiliaire de puériculture)

준 보육사는 영유아를 직접 돌보는 일을 하며, 간호사나 보육전문가의 보조적 역할을 하게 된다. 중학교 이상의 학력과 보육전문가 양성학교 1년 과정을 이수하고, 구두시험, 필기시험, 실기시험을 통과해야 하며, 17주 동안 실습을 이수한 후 자격증을 받게 된다.

(4) 가정 보육모(Assistante maternelle)

가정 보육모는 모자보건국에서 60시간 동안 교육을 받고 보육시설에서 실습을 해야 한다. 자격이 인증된 가정 보육모에게는 인증서가 부여되며, 인증서 유효기간은 5년이다. 자신의 자녀를 포함하여 3명까지 보육 가능하며, 3명을 초과할 경우에는 시·도 의회장의 승인을 받아야 한다.

[그림 5-23] 프랑스의 가정 보육모

출처: https://www.lejsl.com/edition-de-chalon/2018/10/16/les-assistantes-maternelles-ressentent-une-baisse-d-activite-swff.

(5) 유아교사(Professeur des écoles)

　유아교사의 양성은 교원양성전문기관(IUFM)에서 2년 과정으로 진행된다. 교원양성전문기관은 일반대학 학사학위를 취득한 후 입학할 수 있다. 교사양성교육 2년 과정은 임용고시 준비반인 1학년 과정과 임용고시 합격 후 실습교사 과정인 2학년 과정으로 구분된다. 고등교육을 5년 동안 받은 후에야 유아교사가 될 수 있어 프랑스의 유아교사는 OECD 국가 중 학력 수준이 가장 높다. 예비교사는 교원양성전문기관에서 교육을 받으면서 유아학교 교사나 초등학교 교사 중 자신이 취득할 교사 자격을 선택할 수 있어 유아학교와 초등학교 교육의 연계에 도움이 된다. 유·초등교사 자격증은 국가임용고시에 합격하고, 교원양성전문기관의 실습교사과정을 이수한 후 평가를 통해 취득할 수 있다. 유아교사로서의 전문지식과 실제 현장능력을 중심으로 평가가 이루어지며, 임용고시에 합격했으나 평가에서 일정 점수를 획득하지 못할 경우, 유예기간 1년 동안 한 번 더 기회를 준 후 두 번째에도 통과하지 못하면 교사자격증을 취득할 수 없다.

[그림 5-24] 유아들과 활동 중인 프랑스 유아교사

(6) 유아학교 보조교사(Agent Territorial Spécialisé des Écoles Maternelles: ATSEM)

유아학교 보조교사는 정교사를 보조하고 위생과 안전을 담당한다. 중학교 졸업 후 CAF 영유아 자격증 준비학교 2년 과정을 이수한 후 12주 실습으로 자격증을 취득할 수 있다. 자격증을 취득한 후 필기시험과 구두시험에 합격하면 보조교사로 근무할 수 있다.

[그림 5-25] 프랑스의 유아학교 보조교사

출처: https://lesprosdelapetiteenfance.fr/formation-droits/fiches-metiers/atsem/comment-devenir-atsem.

(7) 사회문화교육전문가(Animateur Sociocultured)

사회문화교육전문가는 방과 후 여가센터에서 근무하는 전문가로 유아학교의 자유선택활동 시간에 문화 및 체육활동을 주로 담당한다. 유아학교에는 유아 15명당 1명의 사회문화교육전문가가 배치되어 있다.

2) 유아교육 · 보육 교사 양성 질관리

프랑스 유아교육의 질 관리 체계로 국가교육과정심의위원회(Conseil Nationale de Programme: CNP)와 국가교육고등심의회, 국립교수학습자료지원 센터(Centre Nationale de Documentation Pédagogique: CNDP)가 있다. 국가교육과정심의위원회는 교육부가 주관하는 교육과정을 개발하고, 국립교수학습자료지원센터에서는 교육과정 관련 자료 개발과 보급을 담당한다. 교사교육의 질을 관리하는 교원양성전문기관(IUFM)에서는 현직교사의 보수교육을 담당한다. 또한 교육의 질을 관리하는 교육부 산하 총괄장학국(Inspection Generale)은 교육유형, 교육내용, 프로그램, 교수법, 교육실행 및 적용방법에 대한 평가를 담당한다. 총괄장학국은 국가교육감독부(IGEN)와 국가교육행정 및 연구감독부(IGAENR)로 구분되는데, 국가교육감독부(IGEN)에서는 교육부 관할 모든 교사와 조직을 관리한다. 국가교육행정 및 연구감독부(IGAENR)에서는 교육시스템의 기능 및 효율성 전반에 관한 의견과 제안, 감독, 연구, 평가 기능을 담당하며, 교육기관의 기능적 어려움을 해결함과 동시에 더 이상 업무 수행이 어려운 기관에 최종 개입하는 역할을 담당한다.

　프랑스의 보육정책은 중앙정부인 노동 · 사회 · 가정 · 연대 및 도시부에서 총괄관리하며, 도의회는 보육시설 설립, 인가 및 개축심사, 보육시설 관리 및 감독을 책임진다. 모자보건국은 보육시설 관리, 감독과 가정 보육모 자격 인증, 관리, 감독 및 보수교육을 실시한다.

3) 유아교육 · 보육 및 초등학교의 연계를 위한 교사양성 체계

　보육시설과 유아학교의 연계를 위해 유아학교 내에 2세반을 운영함으로써 부모와 학교 간 의사소통을 향상시키고 부모가 자신의 역할을 수행하도록 돕고, 지역 간 교육적 불평등을 해소하고 유아가 자신의 발달 리듬에 점진적으로 적응하도록 하여 유아학교로의 전이를 준비하도록 돕는다. 이를 위해 교육투자우선지역과 교육투자우선조직망에 의해 설립된 연계반, 보육시설에 다니기에는 나이가 많고 유아학교에 다니기에는 아직 어린 연령인 2~3세 아동을 위한 혁신적 구조의 보육시설인 유아원을 설치하여 운영하고 있다. 또한 교육부, 국립가족수당지급처, 지방자치단체 간의 협조를 통해 기관의 관리·운영이 원활하게 진행되고 있다.

1989년 유아학교와 초등학교의 연계를 위해 초등교육의 학제를 통합하고 유·초등교사 양성체계를 일원화함으로써 프랑스 유아교육은 초등교육과의 연계성을 확보하게 되었다. 유·초등교사 양성과정의 통합이 유아학교와 초등학교 교육의 연계를 돕는다는 긍정적인 측면이 있는 반면에 놀이중심의 유아교육과정을 실행하기 위한 유아교사 양성의 전문성 결여에 대한 문제점과, 교육과정이나 교수법 등의 특화된 전문성 요구에 부합하기 어렵다는 부정적인 측면도 지적되고 있다.

Epilogue ✏️

　프랑스는 출산율을 높이고 여성의 경제활동참여율을 유지하기 위해 다양한 유아교육·보육 정책을 지속적으로 시도한 결과, 유럽 출산율 1위의 자리를 차지하게 되었다. 개별 가정의 양육 상황을 고려하여 현금지원, 서비스지원, 세제 혜택 등 다양한 육아지원정책을 병행하고 있으며, 영아를 직접 양육하는 부모를 지원하기 위해 여성과 남성의 육아휴직을 활성화하는 제도를 갖추고 있다. 유아교육·보육은 행정체계는 이원화되어 있지만 영유아의 연령에 따라 해당 서비스를 이용할 수 있도록 구분하고 통합된 보호와 양육·교육 서비스가 제공된다. 유아학교는 모두 공립으로, 보육시설은 70% 이상이 공립으로 운영되어 유아교육·보육에 있어서 공적 체계를 갖추고 있다. 3~5세 유아의 경우 무상으로 유아학교를 이용하지만, 가정 보육모나 보육시설을 이용할 경우에는 부모의 소득에 따라 비용을 부담하고 있으며 부모가 부담하는 비용의 50% 정도는 세제 혜택으로 돌려받을 수 있다. 사회적 상황의 변화에 대응하는 프랑스 정부의 최근 정책이 추후 출산율 증감에 어떠한 영향을 미칠지 주목된다.

한국
일본
미국
영국
프랑스
독일
스웨덴

참고문헌

강경희, 전홍주(2013). OECD 국가의 양육지원 정책과 출산율 분석. **한국보육지원학회지, 9**(6), 197-221.

교육정책네트워크 정보센터(2015. 6. 23.). 프랑스 학령기 이전 교육체계. http://edpolicy.kedi.re.kr/f

권미경(2017). 유럽 국가의 보육정책 현황과 시사점. 한국경제연구원 KERI Insight, 16-36.

노대명(2017). 프랑스 사회보장제도의 최근 개편 동향: 마크롱 정부의 대선 공약을 중심으로. **국제사회보장 리뷰 2017 여름창간호, 1**, 41-57.

서문희(2011). 보육서비스 이용 및 비용지원 현황과 과제. **육아정책포럼, 22**, 6-18.

서문희, 김미숙, 박세경, 최은영, 임정기(2014). 여성 사회활동 증진을 위한 보육환경 개선방안 연구. 서울: 한국보건사회연구원.

신윤정(2012). 프랑스 영유아 보육 정책 현황과 시사점. **보건 · 복지 Issue & Focus, 151,** 1-8.

안니카 외 레스(2016). **아이를 낳아도 행복한 프랑스 육아: 유럽 출산율 1위, 프랑스에서 답을 찾다.** 서울: 북폴리오.

이화도, Vergnaud, G. (2006). 유아교육 학제개편 방향성 정립을 위한 프랑스 유아교육제도 이해. **유아교육연구, 26**(4), 5-29.

이화도, 원수현(2007). 프랑스 유아교사 및 영유아 보육교사 양성 체계 연구. **유아교육연구, 27**(5), 33-62.

이혜원(2013). **보육정책의 효과와 개선방향.** 서울: 한국조세재정연구원.

정미라, 조희연, 안재진(2009). **프랑스의 육아정책: 세계육아정책동향 시리즈 8.** 서울: 육아정책개발센터.

조선일보(2016. 10. 12.). 알쏭달쏭 저출산 정책, 부부의 눈길을 끈 것은?

조희연(2011). 저출산과 프랑스 영유아 교육 · 보육 협력 사례연구. **여성연구, 81,** 237-269.

키즈TV뉴스(2018. 6. 6.). 프랑스, 저소득 · 장애 아동 위한 보육시설 설립하는 지자체
　　지원.

키즈TV뉴스(2018. 7. 24.). 프랑스 가구 82%, 희망하는 보육서비스 제공받아.

한국은행(2018). 해외경제포커스: 주요국의 여성 경제활동 참여 증가 배경 및 시사점.

홍승아(2005). 복지국가 재편과 젠더: 프랑스 보육정책을 중심으로. **여성연구**, 69, 139-
　　173.

Bailleau, G. (2009). L'offre d'accueil des enfants de moins de 6 ans en 2007. Etudes
　　et resultats. n° 681. fevrier. DREES. Paris.

Berger, E. (2008). Les prestations familiales et de logement en 2007. Etudes et
　　resultats. n° 674. decembre. DREES. Paris.

Cnaf(2015). La branche famille de la Sécurité sociale: Coréen.

Courriercadres(2016. 7. 5.). 직장보육시설, 직장 운영 어린이집의 효과에 대한 콘퍼런스.

EBS 대기획 9부작 가족쇼크−5부 행복한 훈육.
　　www.youtube.com/watch?v=iW37WJt4YwM&list=PLTHJdrQZEevNSfXLMRgYa
　　w7ukPmwZNrbw&index=3

EBS 세계의 교육현장(2010. 10. 11.). www.youtube.com/watch?v=RglfvJzKMVE

MBC 뉴스데스크(2015. 2. 7.). 프랑스 '학대 없는 어린이집' 비결은?

고용노동부 일家양득 홈페이지(http://moel.skyd.co.kr/)

국제경제협력개발기구 OECD(http://www.oecd.org)

프랑스 가족수당지원국 CAF(http://www.caf.fr)

프랑스 국가교육부 MEN(http://www.education.gouv.fr)

프랑스 보육시설운영연맹 FFEC(http://www.ffec.asso.fr)

프랑스 통계청 INSEE(http://www.insee.fr)

프랑스 행정부(http://www.service-public.fr)

한국

일본

미국

영국

프랑스

독일

스웨덴

Coeur de Beauce(http://www.coeurdebeauce.fr/)

OECD(www.Oecd.org/social/family/database.htm)

Pride Global Bridge(http://pridegb.ngelnet.com/)

https://blog.naver.com/yiahyoung

https://lesprosdelapetiteenfance.fr/formation-droits/fiches-metiers/atsem/comment-devenir-atsem

https://www.lejsl.com/edition-de-chalon/2018/10/16/les-assistantes-maternelles-ressentent-une-baisse-d-activite-swff

----

Chapter 06

독일 Germany

Prologue

"프랑스가 부드러운 밀크 초콜릿이라면 독일은 바삭한 크런치 초콜릿이다."

웅장한 중세 문화와 평화롭기 그지없는 마을 경관 그리고 아름답게 펼쳐진 자연환경은 독일을 처음엔 바삭하지만 결국엔 달콤함으로 남는 크런치 초콜릿과도 같이 느껴지게 한다. 독일의 문화는 다양성을 인정한다. 현대적이고 범세계적인 면이 공존하며 지방마다 독특한 문화와 전통이 살아 있다. 카니발, 와인축제나 옥토버페스트, 록페스티벌 등 수많은 축제로 일상에서 기쁨이 넘쳐난다. 맥주의 나라 독일은 '액체로 만든 빵'이라고 말할 정도로 맥주를 사랑한다. 맥주축제 옥토버페스트는 세계적인 축제로 해마다 전세계에서 몰려온 관광객들이 열정을 불사르는 사랑과 우정의 축제이다. 축제의 분위기에 자신을 맡기고 색다른 경험을 하고 싶은 나라. 독일!

Ⅰ. 개요 및 역사적 맥락

1. 개요

독일의 공식 명칭은 독일 연방공화국(Bundesrepublik Deutschland: 분데스레 푸블리크 도이칠란트)인데, 독일을 가리키는 명칭은 유럽의 그 어느 나라보다 다양하다. 예를 들어, 독일 내에서 헌법이나 외교관계에서 사용하는 자국어 표기는 '도이칠란트(Deutschland)'이지만, 영어로는 '저머니(Germany)', 프랑스 어로는 '알마뉴(Allemagne)', 폴란드어로는 '니엠치(Niemcy)', 중국어로는 '더궈 (德国)'라고 한다. 현재 우리나라에서 사용되는 '독일'이라는 한국어 명칭은 일 제 강점기에 일본어식 한자 음차 표기인 '도이쓰(일본어: 独逸)'를 받아들여 이 를 한국식 한자음으로 읽은 것이며, 그 전에는 중국의 영향을 받아 '덕국(德國)' 이라 불렀다. 해방 후에는 일제 강점기의 잔재를 없애고 독일어 원발음에 좀 더 가깝도록 '도이칠란트'로 표기하기도 했으나, 이 표기법이 정착하지 못해 현 재는 대한민국 주재 대사관에서도 '주한 독일 대사관'으로 일컫고 있 다. 독일은 동서남북으로 여러 국 가와 국경을 맞대고 있으며, 16개 주(州)로 이루어진 연방 국가이다.

[그림 6-1] 독일 국기

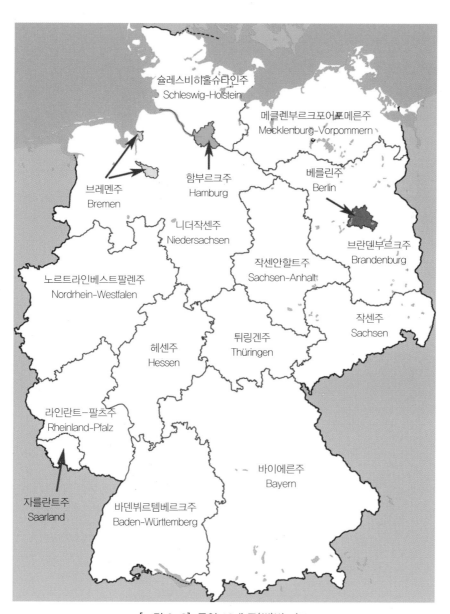

슐레스비히홀슈타인주
Schleswig-Holstein

메클렌부르크포어포메른주
Mecklenburg-Vorpommern

함부르크주
Hamburg

베를린주
Berlin

브레멘주
Bremen

니더작센주
Niedersachsen

브란덴부르크주
Brandenburg

노르트라인베스트팔렌주
Nordrhein-Westfalen

작센안할트주
Sachsen-Anhalt

작센주
Sachsen

헤센주
Hessen

튀링겐주
Thüringen

라인란트-팔츠주
Rheinland-Pfalz

바이에른주
Bayern

자를란트주
Saarland

바덴뷔르템베르크주
Baden-Württemberg

한국

일본

미국

영국

프랑스

독일

스웨덴

[그림 6-2] 독일 16개 주(州)별 지도

1) 인구와 언어

통일 이후 독일은 유럽에서 가장 인구가 많은 국가이며, 이민자 인구도 미국에 이어 세계에서 두 번째로 많다. 순수 독일인 81%, 외국인 9%, 독일 시민권 보유 이민자가정 10%(2010년 기준)로 300만 명에 달하는 외국인이 거주하고 있어 문화적 다양성을 보여 준다(이명환, 박수연, 2010). 2011년 기준 출산율은 여성 1인당 1.41명, 인구 1,000명당 8.33명으로 세계에서 가장 낮은 수준이다. 출산율이 낮음에도 불구하고 인구가 감소하지 않는 이유는 이민자의 증가 때문이다.

2011년 기준 독일의 전체 인구 79,652,370명 중 15,016,960명이 이주민인데, 이는 전체 인구의 약 18.9%에 해당하며, 가장 많은 약 4백만 명의 이주민이 노르트라인베스트팔렌주에 거주하고 있다. 이주민들로 인해 1980년대 독일의 인구 수 대비 이주민 수는 전통적 이민국인 미국, 캐나다, 호주보다 많고, 독일 거주 외국인 중 터키인이 2백 5십만 명으로 가장 많으며, 나머지 1백 5십만 명은 구 유고슬라비아 등에서 온 이주민이다. 2016년 기준 독일의 전체 인구는 8,267만 명이다.

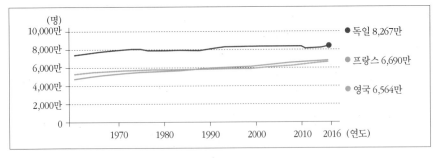

[그림 6-3] 독일 인구 현황(2016년)

출처: World Bank Open Data(https://data.worldbank.org/).

독일에서 가장 많이 사용되는 공식 언어는 독일어이다. 독일어는 유럽 연합 (EU)에서 사용되는 23개 공식 언어 중 하나이며, 유럽 위원회에서 사용되는 3개 언어 중 하나이다. 독일에서 유래된 소수 언어는 덴마크어, 저지 독일어, 소르브어, 이디시어, 프리지아어 등이 있다. 이민자에 의해 많이 사용되는 언어는 터키어, 쿠르드어, 폴란드어, 러시아어 등이다. 독일인의 67%는 독일어를 제외한 한 가지 이상의 외국어를 구사할 수 있고, 27%는 독일어를 제외하고 두 가지 이상의 언어를 구사할 수 있다.

2) 대두되는 문제점

(1) 저출산 및 유아교육 의무교육화

독일은 유럽 내에서 출산율이 가장 낮은 국가이지만, 이민자의 유입으로 출산율이 점차 증가하고 있다. 출산율이 증가하면서 독일에서 새롭게 대두되고 있는 문제는 '유아교육부터 의무교육화'이다. 현재 독일은 초등학교부터 대학교까지 무상으로 교육지원이 이루어지고 있다.

(2) 주마다 상이한 유아교육기관·보육시설의 질

독일은 16개 주가 각각 헌법·정부·재판소를 두고 있는 연방국가이며, 유아교육기관·보육시설의 운영체제도 역시 주마다 상이하다. 유아교육·보육시설 기관 수, 유아교육·보육시설 이용료, 아동수당, 교사 대 아동비율 등 주(州)마다 상이한 운영체제로 인해 여러 가지 문제점이 있다.

한국

일본

미국

영국

프랑스

독일

스웨덴

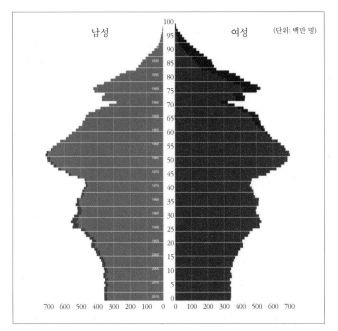

[그림 6-4] 독일 인구 피라미드(2013년)

출처: 독일 연방 통계청(http://www.destatis.de).

2. 역사적 맥락

독일의 유아교육·보육 현황에 대해 살펴보기 위해 우선 독일 유아교육·
보육의 역사적 맥락을 살펴볼 필요가 있다(손지영, 2005).

독일의 유아교육은 역사적으로 교회와 주정부를 토대로 발전하여 왔다.
독일에서 유아교육의 필요성을 처음 주장한 사람은 마틴 루터(Martin Luther,
1483~1546)이다. 마틴 루터는 "정부는 유아를 위한 학교를 제공해야 하고, 부
모는 이 학교에 자녀를 보낼 의무를 갖도록 해야 한다."라고 주장하였다. 한편,

독일은 18세기 산업화 과정에서 여성의 사회진출과 노동시장 참여가 증가하면서, 가정의 아동교육 기능은 약화되었다. 그 결과, 어머니를 대신하여 아동을 양육해 줄 시설이 필요하게 되었고, 프랑스와 영국의 영향을 받아 영유아보육원이 설립되었다. 이러한 시설은 가정을 보조해 주는 차원에서 아동을 보호해 주는 역할을 담당했다.

[그림 6-5] 마틴 루터
출처: 중앙시사매거진(2016. 12. 23.).

[그림 6-6] 프리드리히 프뢰벨
출처: 한국프뢰벨 홈페이지
(http://www.froebel.co.kr).

[그림 6-7] 프뢰벨 관련 도서
출처: 백모란, 안준석(2016).

독일의 프뢰벨(Friedrich Wilhelm August Fröbel, 1782~1852)은 세계 최초로 유치원을 창시하였으나, 1851년 8월 프로이센 정부는 유치원이 어린이를 무신론으로 이끌어 가도록 교육하고 있으며, 사회주의적인 성격을 내포하고 있다는 사유로 유치원 금지령을 내렸다. 유치원 금지령은 1860년에 해제되었으나, 유치원교육은 공적으로 유지되지 않았고 사설단체에 의하여 설립·운영되었다.

1952년 처음으로 유아교육에 대해 관심을 가지고 연구하는 '독일위원회'가 설립되었고, 독일위원회는 1957년 유아교육의 중요성을 강조하는 내용의 보고서를 발표하였다. 1970년 교육계획을 위한 '연방−주−위원회'가 설립되어 교육종합계획을 제시하였는데, 교육종합계획은 1975년까지 50%, 1980년부터 70% 이상의 유아들이 유치원에 다니도록 준비하는 내용이 포함되었고, 이러한 일련의 과정을 통해 오늘날 독일 유아교육의 모습을 갖추게 되었다.

1) 통일 전

독일은 제2차 세계대전 이후 연합국에 의해 동독과 서독으로 분리되었고, 동독과 서독으로 분단된 독일은 유아교육정책에서도 큰 차이를 보였다.

(1) 구동독

구동독은 제2차 세계대전 직후부터 국영으로 종일제 유아원과 유치원을 다수 설립하였고, 교육제도의 첫 관문인 유아원을 의무교육화하였다. 그 결과, 1980년대 말까지 1∼3세 영아의 80%가 유아원에 다녔고, 3∼6세 유아의 90%가 유치원에 다녔으며, 유아보육 · 교육 비용은 대부분 무상이었다. 1980년대 말 구동독의 여성 취업률 91.2% 중 49%는 기혼여성이었다. 여성도 유급 월차 1일, 유급 출산휴가 1년, 자녀가 아플 때 부모 중 한 명이 1년에 6주까지 유급휴가를 사용할 수 있었다.

구동독의 유아교육제도는 전반적으로 구서독보다 체계적으로 이루어져 있었고, 단일

[그림 6-8] 통일 전 동독과 서독

화된 교육제도를 채택하여 좀 더 빠른 체제 적응 훈련을 시켰는데, 그 이유는 교육제도가 개인에 대한 이데올로기 주입, 정치적 안정 및 이데올로기에 의한 사회 결속을 확보해 주는 수단이라고 믿었기 때문이다.

⑵ 구서독

부모가 자녀양육을 담당해야 한다는 인식이 구서독 사회의 보편적인 사회 분위기였기 때문에 유치원에서는 주로 기혼 취업 여성의 자녀를 돌봐 주었다.

구서독에서 0~9세 자녀를 둔 어머니의 취업률은 유럽 국가 중 낮은 수준이었고, 영유아를 위한 보육시설도 제대로 갖춰져 있지 않았다. 구서독에서는 3세 미만 자녀는 가정에서 어머니가 직접 양육하는 것이 가장 좋다는 인식이 강했으며, 유아원은 빈민층을 위한 서비스기관으로 간주되었다. 또한 유급 출산휴가와 육아휴가 기간도 길기 때문에 어린 자녀를 유아원에 보낼 필요가 없었다. 자녀를 보육시설에 보낼 수 있는 조건이 매우 엄격하게 제한되어 있을 뿐만 아니라, 구서독에서는 유아교육이 의무교육이 아니었다.

[그림 6-9] 자녀의 독립심을 키워 주는 독일의 부모

출처: 육아방송 세계인의 육아 3부. 독일 부모는 자녀를 어떻게 키울까요?

　또한 공사립을 막론하고 보육료는 모두 유료였는데, 부모의 소득수준에 따라 보육료가 다르며, 소득수준이 아주 낮을 경우 면제해 주기도 하였다. 구서독 유아교육의 특징은 '상황중심 교육'인데, 상황중심 유아교육에서 학습은 유아의 실제 삶에서의 상황에서 시작된다. 유아는 자신의 일상생활에서 경험하는 구체적인 상황 속에서 직접적인 체험을 통해 학습한다. 구서독에서는 교육적 차원보다는 돌봄과 위생 차원에서 보육이 이루어졌으나, 점점 교육적 측면이 강조되었다. 이는 구서독 여성의 사회 참여 확대로 인해 유아교육기관 이용의 필요성이 증가하였기 때문이다.

2) 통일 후 현재

1990년 10월 3일, 분단되었던 독일이 통일되었다. 통독 이후 어려운 경제여건으로 미혼 남녀는 결혼을 미루게 되었고, 이로 인해 지속적으로 출산율이 저하되었다. 1995년 이후 독일은 저출산 문제를 해결하기 위해 가족지원을 확대하기 시작했으며, 1998년 집권당인 사민당은 저출산으로 인한 순수 독일인구 감소와 노령화 문제에 대한 해결책으로 가족지원 대상을 지속적으로 확대하였다. 정부의 이러한 노력에도 불구하고 2005년에는 1945년 이후 신생아 수가 가장 적었다. 이러한 문제에 대한 대책으로 유치원 운영시간을 연장하고, 초등학생을 위한 방과 후 프로그램을 활성화하였으며, 부모들

[그림 6-10] 독일 아동청소년복지
지원법

의 퇴근시간에 맞추어 보육시설을 이용할 수 있도록 시설을 확충하였다. 또한 「아동청소년복지지원법(Kinder und Jugendhilfegesetz: KJHG)」을 제정하여 3～6세 유아들이 유치원에 다닐 수 있는 권리를 보장함으로써 2010년에는 전체 유아의 90% 이상이 유치원 및 종일제 보육시설을 이용하였다. 2012년 연방정부는 '아동돌봄 2013(Kindertagesbetreuung 2013)'이라는 10대 정책을 제시하였다(이윤진, 정재훈, 2019).

Ⅱ. 양육지원

1. 일 · 가정 양립

2015년 독일의 신생아 수는 약 73만 8천 명으로 2014년보다 2만 2천 650명 증가하였다. 이러한 출산율 증가 현상은 여성 이민자의 출산율 증가에 기인하는데, 터키, 폴란드, 루마니아 출신 여성의 출산율이 높았다.

최근 OECD 조사 결과에 의하면 독일의 3세 이상 유아 중 약 94%가 유치원에 다니고, 유치원에 다니지 않는 6%의 유아는 대부분 저소득층 가정이거나 이민자 가정인 것으로 나타났다(육아정책연구소, 2016). 즉, 이민자 수가 늘어나고 여성 이민자의 출산율은 높아졌으나, 이들의 시설 이용률은 낮았다. 유치원 미이용 아동의 수가 증가하고 있어 유치원 교육을 3세부터 의무화해야 한다는 주장이 제기되었고, 기혼여성의 취업을 지원하기 위해 3세 이하 영유아를 위한 보육시설 확대 정책이 시행되었다.

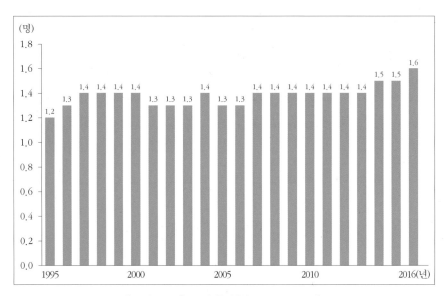

[그림 6-11] 독일 출산율(1995~2016년)

출처: https://data.oecd.org/pop/fertility-rates.htm#indicator-chart.

　독일은 양성평등을 위한 국가 차원의 대책을 마련하여 여성과 남성의 역할
에 대한 이해에 많은 변화를 가져온 결과, 가사노동과 자녀양육을 공동으로 분
담하고 있다. 부모휴직수당 및 부모휴직제도, 아동수당, 종일제 보육시설 확충
을 통해 일·가정 양립을 지원하고 있다. 그러나 일·가정 양립 정책의 시행은
여성의 경제활동에 다양한 문제를 가져왔으며, 사회구조적 문제를 근본적으로
해결하기보다는 재정지원에 의한 가족지원정책을 시행함으로써 여성의 시간
제 경제활동과 전통적 가족제도 유지 현상이 지속되고 있다(김해순, 2013).

2. 양육정책

과거 독일의 양육 관련 법제는 주로 취업여성의 일·가정 양립 및 자아실현, 양성평등 측면에서 이루어졌으나, 최근에는 출산율 저하의 근본 원인을 분석하고, 가정과 직장의 조화를 지원하는 다양한 법제와 지원을 통해 출산율을 높이고자 노력하고 있다.

[그림 6-12] 독일의 부모휴직수당 안내문

출처: https://dispatcheseurope.com/brexit-hell-are-new-parent-benefits-other-german-entitlements-ending-for-british-expats/.

1) 부모휴직수당(Elterngeld) 및 부모휴직(Eltern)

독일의 저출산 현상은 전통적 가족모델에 기초한 가족정책의 결과이며, 남성 1인 부양자모델로 불리는 독일의 가족정책은 어머니가 자녀양육에 전념하도록 어머니 역할을 강조하였다. 이러한 이유로 보육시설에 대한 국가의 투자는 미약한 대신 가족을 위한 경제적 지원은 다양하게 제공되었다. 가족에 대한 지원금 수준이 높은 독일 정부의 정책적 노력에도 불구하고 출산율은 하위권에 머물러 있는데, 이는 고학력 여성들이 경력단절과 경제적 문제로 여전히 출산을 기피하고 있기 때문이다. 저출산 현상이 지속되자 독일 정부는 2002년부터 가족정책 패러다임을 변화시켜 출산휴가 및 육아휴직을 확대하고, 유아원과 유치원을 확충하는 등 다양한 출산장려정책을 도입하였다.

(1) 부모휴직수당

독일은 가정과 직장에서 양성평등을 중시하며, 취업여성의 직장 내 불평등 해소를 위해 노력해 왔다. 하지만 20세기 말부터 출산율이 감소하기 시작하여 저출산 문제가 심화되자 저출산 문제를 해결하기 위해 가족지원정책에 대한 관심이 증가하였다. 현재 독일에서는 부모휴직수당(Elterngeld) 정책이 시행되고 있는데, 부모휴직수당은 자녀의 양육을 위해 휴직한 경우 국가가 지급하는 수당이다. 자녀가 3세 이하인 경우에만 신청 가능하며, 신청 이후 12개월 동안 수당을 받을 수 있다. 부모 모두 육아휴직을 사용하는 경우에는 부모 중 한 명에게 2개월 동안 추가적으로 수당이 지급된다. 수당의 산정은 세금공제 후 근로자의 실질적인 소득에 따라 정해지며, 소득이 일정할 경우 출산 전 실질소득의 67%로 계산된다. 2016년 기준 부모휴직 수당은 최소 월 300유로부터 최대 월 1,800유로까지 지급된다.

〈표 6-1〉 한국과 독일의 육아휴직제도(2016년)

국가	휴직 기간	수당 기간	수당 하한	수당 상한
한국	1년	각각 12개월	월 500,000원	월 1,000,000원
독일	3년	각각 12개월 (추가 2개월)	월 300유로 (한화 약 390,000원)	월 1,800유로 (한화 약 2,300,000원)

출처: https://www.howtogermany.com/pages/parental_allowance.html.

⑵ 부모휴직

부모휴직(Eltern)은 부모가 직장과 자녀양육을 병행하여 수행할 수 있도록 부여된 무급 휴가이다. 자녀와 함께 거주하면서 자녀를 직접 양육하는 모든 근로자가 청구할 수 있으며, 부모휴직수당과는 별도로 이용 가능하고, 외국인 근로자도 이용 가능하다. 전체 휴직 기간을 사용할 수 있고, 상황에 따라 일부 기간을 융통성 있게 사용할 수 있으며, 부모휴직을 위해서는 휴직 시작 7주 전 신청해야 한다. 자녀가 3세가 될 때까지 휴직이 가능하고, 휴직기간은 자녀가 3세가 되는 날까지 사용 가능하며, 자녀의 수에 관계없이 매 자녀에 대해 부모휴직에 대한 권리가 주어진다.

[그림 6-13] 부모휴직 중인 독일가족

출처: https://www.medmix.at/eltern-kind-beziehung-und-seine-bedeutung/.

2) 가족수당(Familiengeld)

최근 들어 독일 가족부에서는 자녀양육의 공평한 역할분담 정책을 실시해 왔고, 2016년에는 가족수당 정책에 대한 계획을 발표하였다. 가족수당은 주당 28~36시간 근무하는 모든 부모에게 각각 150유로씩 2년 동안 지급되는데, 한부모가정의 경우 300유로 지급된다. 가족수당은 부모휴직수당의 혜택이 만료되는 대로 연결되어 지급되며, 8세 자녀까지 신청할 수 있다.

한국 일본 미국 영국 프랑스 **독일** 스웨덴

[그림 6-14] 독일의 가족수당 안내문

출처: https://www.elternzeit.de/familiengeld/.

3) 아동수당(Kindergeld)

아동수당은 자녀가 있는 가정의 생계와 양육비 부담 경감을 위해 부모에게 지급되는 지원금이다. 자녀를 양육하고 있고, 납세 의무를 지닌 모든 부모에게 지급되며, 부모가 사망하였거나 행방불명인 경우 아동 자신이 직접 지급받을 수 있다. 외국인의 경우 독일 영주권을 소지하고 있거나 체류허가증이 있으면 아동수당 수급 대상이 된다. 아동수당은 27세까지 지급되었으나 2007년 1월 1일 이후 25세까지로 단축되었다.

[그림 6-15] 아동수당

출처: Mkenya Ujerumani
    (https://mkenyaujerumani.de).

[그림 6-16] 아동수당

출처: Kindergeld für Ausländer
    (https://www.kindergeld.org).

〈표 6-2〉 독일의 아동수당 현황표

구분	2015년 1월 1일	2016년 1월 1일	2017년 1월 1일	2018년 1월 1일
첫째 및 둘째 자녀	188유로 (한화 약 251,000원)	190유로 (한화 약 253,000원)	192유로 (한화 약 256,000원)	194유로 (한화 약 259,000원)
셋째 자녀	194유로 (한화 약 259,000원)	196유로 (한화 약 262,000원)	198유로 (한화 약 264,000원)	200유로 (한화 약 267,000원)
넷째 자녀 부터	219유로 (한화 약 292,000원)	221유로 (한화 약 295,000원)	223유로 (한화 약 298,000원)	225유로 (한화 약 300,000원)

출처: 아동수당가이드(www.kindergeld.org),
    아동수당 및 추가수당 신청사이트(https://www.arbeitsagentur.de/).

4) 아동추가수당(kindergeldzuschlag)

독일에서는 아동추가수당 정책이 시행되고 있다. 아동추가수당은 아동수당과 별도로 지급되며, 부모소득이 총 900유로(한부모의 경우 600유로) 이하인 저소득층 가정의 자녀 1인당 한 달에 최대 170유로까지 신청할 수 있는 자녀양육 보조금이다. 이 정책은 신청 대상 가정에게 잘 알려지지 않았을 뿐만 아니라 신청 절차도 까다로워 아동추가수당 수혜 대상자 중 1/3만이 혜택을 받고 있다.

5) 아동세금공제(kinderfreibetrag)

소득수준이 높은 근로자의 경우 아동세금공제 신청으로 세금감면 혜택을 받을 수 있다. 아동수당을 받는 대신 세금공제를 받을 수 있으며, 아동수당과 세금공제에 대한 선택은 소득세 조정차원에서 세무서가 결정하고, 대상자의 95%가 세금공제 대신 아동수당을 신청하고 있다. 아동세금공제는 부부합산 월 5,000유로, 한부모인 경우 월 2,500유로 이상인 소득자에게 유리한 제도이다.

Ⅲ. 유아교육 · 보육 현황

1. 유아교육 · 보육 비용

독일의 경우 전체 가계지출에서 아동교육이 차지하는 비중은 OECD 국가의 평균인 19%보다 높은 25% 수준이다. 반면, 독일의 유치원에서 유아 1인당 사용되는 비용은 노르웨이와 비교했을 때 절반 수준이다. 또한 독일의 대학 수업료가 무료임에도 불구하고, 대부분의 저소득층 가정 아동은 대학 이상의 교육

〈표 6-3〉 독일 20대 도시의 보육료(2017년)　　　　　　　　　　(단위: 유로)

주	도시	부모 월소득 2,000유로		부모 월소득 4,000유로	
		7시간 이하 이용	9시간 이상 이용	7시간 이하 이용	9시간 이상 이용
베를린주	베를린(Berlin)	0.00	0.00	0.00	0.00
함부르크주	함부르크(Hamburg)	12.00	55.00	115.00	204.00
바이에른주	뉘렌베르크(Nürnberg)	115.00	130.00	115.00	130.00
	뮌헨(München)	39.00	54.00	105.00	150.00
헤센주	프랑크푸르트(Frankfurt)	38.00	48.00	89.00	111.00
바덴뷔르템베르크주	슈투트가르트(Stuttgart)	104.00	138.00	112.00	149.00
작센주	드레스덴(Dresden)	109.50	156.43	109.50	156.43
	라이프치히(Leipzig)	101.20	148.87	101.20	148.87
브레멘주	브레멘(Bremen)	55.00	57.00	239.00	257.00
니더작센주	하노버(Hannover)	76.00	122.00	149.00	244.00
노르트라인베스트팔렌주	쾰른(Köln)	19.56	21.53	78.59	123.67
	뒤셀도르프(Düsseldorf)	0.00	0.00	0.00	0.00
	도르트문트(Dortmund)	32.46	51.69	70.33	138.26
	에센(Essen)	27.00	44.00	84.00	132.00
	뒤스부르크(Duisburg)	34.00	45.00	98.00	126.00
	보훔(Bochum)	34.51	45.68	99.47	131.95
	부퍼탈(Wuppertal)	27.00	45.00	74.00	123.00
	빌레펠트(Bielefeld)	27.95	44.94	78.36	123.30
	본(Bonn)	30.00	46.00	79.00	128.00
	뮌스터(Münster)	0.00	0.00	77.00	121.00

출처: https://www.netzsieger.de/ratgeber/der-grosse-kitakosten-index.

혜택을 받지 못했고, 이들의 교육비 지출은 OECD 평균의 절반에도 못 미치는 14%이다. 이러한 현상은 독일의 교육에 대한 재정정책이 체계적으로 이루어지고 있지 않음을 보여 주며, 저소득층 가정 자녀들이 받는 불이익을 보완하기 위해 유치원 교육의 질적 향상을 위한 노력이 필요함을 확인시켜 주었다(육아정책연구소, 2016).

독일의 유아교육 · 보육 비용은 주마다, 도시마다 다른데, 독일 보육시설의 보육료는 주거지와 부모의 소득수준에 따라 월 0~600유로로 다양하며 베를린에서는 2018년 8월부터 보육료 폐지를 결정하고 무상보육을 시행하고 있다. 보육료를 지불하고 있는 부모의 절반, 특히 저소득층이나 중류층 부모들은 보육료가 비싸다고 느낀다.

2. 유아교육 · 보육 기관

통일 이후 독일의 보육정책은 「아동청소년복지지원법(Kinder und Jugendhilfegesetz: KJHG)」에 근거하고 있다. 「아동청소년복지지원법」은 「청소년복지법」과는 달리 유아원, 유치원, 호르트에 대해 규정하고 있으며, 보육시설의 교육적 측면에 보다 강조점을 두고, 전문적인 시설 확충과 병행하여 부모의 자발적인 보육을 허용하고 있다.

독일 보육시설의 질은 지방 자치정부마다 큰 차이를 보인다. 독일 내 보육의 질은 과거에 비해 전체적으로 향상되었지만 주정부 간 차이는 여전하다. 독일의 베르텔스만(Bertelsmann) 재단에서는 이상적인 교사 대 아동 비율을 영아의 경우 1:3, 유아의 경우 1:7.5로 제안하였다. 구동독의 작센주(Sachsen)에서는 교사 대 영아 비율이 1:6.4, 메클렌부르크포어포메른주(Mecklenburg-

Vorpommern)의 교사 대 유아비율은 1:14.1로 이상적인 비율보다 2배가 넘는 비율로 운영되었다. 구서독 바덴 뷔르템베르크주(Baden-Württemberg)의 교사 대 영아 비율은 1:3, 교사 대 유아 비율은 1:7.3으로 이상적인 교사 대 아동 비율과 유사하게 운영되었다.

[그림 6-17] 독일 유아원의 아이들

출처: https://www.familie-und-tipps.de/Kinder/Kinderbetreuung/Kinderkrippen.html.

독일 중앙정부와 지방정부는 과거 보육시설의 양적 확장에 집중하였으나, 현재는 질적 향상을 추진하고 있다. 기존 독일의 보육시설은 보육료 및 시설 수가 지역마다 다르고, 질적 수준이 확보된 보육이 제공되지 않는 등 여러 문제점이 있었다. 이를 해결하기 위한 첫 단계로 유아교육정책의 공동 목표를 설정하였다. 독일 전 지역의 영유아들에게 시설 이용, 교사 대 아동 비율 등이 동일한 조건으로 제공되도록 재정지원을 할 계획이다.

2016년 기준 중앙정부는 보육시설 운영비, 건축 및 재건축 비용과 언어 지원을 위해 25억 유로에 달하는 재정지원을 하고 있으며, 가족부에서는 2018년 육아정책에 필요한 10억 유로를 충당한다(육아정책연구소, 2016).

한국

일본

미국

영국

프랑스

독일

스웨덴

　　보육의 질적 수준 향상을 위해 지역마다 다양한 노력을 기울이고 있지만, 문제해결을 위한 재정을 각 지방정부가 자체적으로 부담하기 어려운 경우가 많다. 따라서 보육시설의 질적 향상을 위해서는 중앙정부와 지방정부가 공동 목표를 가지고 적절한 지원을 해 주는 것이 중요하다.

　　독일은 유아교육·보육기관의 양적 확장을 위해 많은 노력을 기울인 결과, 독일에 거주하는 대부분의 3~5세 유아가 유치원에 다니고 있으며, 3세 이하 영아의 경우 1/3이 유아원을 이용하고 있다. 이처럼 유아교육·보육기관 이용률이 높아짐에 따라 부모들은 일관된 질적 수준을 갖춘 보육시설을 요구하고 있다. 자녀를 유아교육·보육기관에 보내는 부모를 대상으로 실시한 베르텔스만 재단의 설문조사에 따르면, 86%의 부모들이 이상적인 교사 대 아동비율(3세 이하 1:3, 3세 이상 1:7.5)을, 85%의 부모들이 통합된 교사양성과정을 희망한다고 응답했다. 또한 과반 수 이상의 부모들이 유아교육·보육기관의 양과 질, 이용시간에 대해 불만을 제기하였고, 현행 보육제도로는 직장과 육아를 병행하는 데 별다른 도움이 되지 않는다고 응답했다.

[그림 6-18] 독일의 호르트 전경

출처: http://www.naitschau.de/schulhort.html.

한국
일본
미국
영국
프랑스
독일
스웨덴

독일의 유아교육 · 보육기관은 1~3세를 위한 유아원(kinderkrippe), 3~5세를 위한 유치원(kindergarten), 초등학교에 설치된 학교유치원(schulkindergarten)과 시작학급(Eingangsstufe), 그리고 6~12세 아동을 위한 방과 후 기관인 호르트(hort, schulhort)가 있다(이명환, 박수연, 2010).

〈표 6-4〉 독일 유아교육 · 보육기관의 유형

유형		대상 연령	운영 형태
유아원		0~3세	• 대부분 종일제로 운영
유치원	유치원	3~6세	• 오전반, 오후반, 종일반으로 운영 • 놀이중심 활동으로 운영
	학교 유치원	5세 이상	• 초등학교 적응이 어려울 것으로 예상되는 아동이 미리 등록 • 놀이보다는 학습능력 향상에 초점을 두어 운영
	시작 학급	5~6세	• 유치원과 초등학교의 연계성 있는 교육 실시 • 놀이보다는 교과중심 학습 형태로 운영
호르트		3~14세	• 학교 수업이 없거나, 오전 수업이 끝난 후에도 이용 가능 • 방학 기간에도 운영

출처: Grossmann(1992); 이명환, 박수연(2010)에서 재구성함.

1) 유아원(kinderkrippe)

유아원은 0~3세 영아를 돌보는 보육시설로, 취업모나 학업 중인 부모의 자녀를 아침부터 시작하여 퇴근할 때까지 돌보며, 보호와 위생 차원의 보육에서 점차 교육적 측면이 강조되고 있다. 구동독에서는 유아원이 보육의 기본 형태이자 일상생활의 한 부분으로 인식되어 이용률이 높았으나, 구서독에서는 자녀양육이 어머니의 몫이라는 인식이 강하여 이용률이 낮았다. 구서독에서는 부모 모두 학업중이거나 한부모가정 자녀들이 유아원을 이용하였으나, 최근에는 전업주부가 유아원이나 이와 유사한 기관을 이용하는 경우도 증가하였다.

2) 유치원(kindergarten)

1996년 이후 「아동청소년복지지원법(Kinder und Jugendhilfegesetz: KJHG)」에 근거하여 3세 이상 유아에게 유치원에서 교육받을 권리를 보장하고 있다.

3) 학교유치원(schulkindergarten)

학교유치원은 우리나라의 병설유치원과는 다른 개념으로, 초등학교에 입학하였으나 학습능력이 부족하다고 판단될 경우 학교 내에 있는 학교유치원에 다닐 수 있다. 독일의 초등학교 한 학급 인원은 평균 20명이지만 학교유치원의 인원은 10명 내외이다. 학교유치원에서는 읽기, 쓰기, 셈하기 등 학습 준비도 향상에 중점을 두며, 취원 후 1년 뒤 학습능력이 개선되면 초등학교 1학년에 재입학할 수 있다.

4) 시작학급(Eingangsstufe)

시작학급은 1970년부터 독일 헤센주(Hessen)에서 유치원과 초등학교의 연계교육을 위해 시도한 시범모델이다. 시작학급의 입학 자격은 5세로, 유치원에 취원할 연령의 유아가 초등학교에 조기 입학하는 것이다. 시작학급의 교육연한은 2년이며, 시작학급 첫 해에는 유치원과 유사한 교육을 받으며, 시작학급 두 번째 해에는 교과중심 학습형태로 전환된다.

5) 호르트(hort, schulhort)

방과 후 보육시설인 호르트는 일반 초등학교에서는 1~4학년, 장애아를 위한 특수학교에서는 1~5학년을 대상으로 이용 가능하다. 보통 오전 7시 30분부터 8시에 시작하여 오후 4시 30분에서 6시까지 운영된다. 아침 일찍 와서 아침식사를 하고 학교로 등원하는 경우도 있으나, 대개 학교가

[그림 6-19] 호르트

출처: 정성식(2015).

끝난 후 호르트를 이용한다. 호르트를 이용할 경우, 부모의 소득에 따라 교육비를 지불하며, 교사의 인건비 등 소요경비는 주정부 청소년국에서 집행한다.

〈표 6-5〉 독일의 유아교육 · 보육 아동 현황(1994~2002년)   (단위: 개, 명)

구분		유아원	유치원	호르트	기타 시설	전체
1994년 12월	기관 수	856	29,757	3,657	12,353	46,623
	아동 수	190,914	2,550,399	401,184		3,142,497
1996년 12월	기관 수	693	303,117	3,762	13,631	48,203
	아동 수	166,927	2,486,780	450,734		3,104,441
2002년 12월	기관 수	799	28,406	3,494	15,318	48,017
	아동 수	150,753	2,471,688	430,280		3,052,721

출처: Statistische Amter des Bundes und der Lander(2010); 이명환, 박수연(2010)에서 재구성함.

3. 유아교육 · 보육 프로그램

독일의 유아교육 · 보육 프로그램의 대표적인 사례로는 발도르프 유치원, 숲 유치원 등이 있다(이명환, 박수연, 2010).

1) 상황중심 유아교육기관

상황중심 교육이란 유아들의 실제 삶의 상황에서 시작되는데, 구체적인 상황에서 직접 체험을 통해 학습한다. 상황중심 교육의 목적은 유아들이 현재와 미래의 삶을 자율성과 연대의식을 가지고 능력 있게 대처해 나갈 수 있도록 하는 것이다. 상황중심 교육을 실행하기 위해서는 하나의 생활 상황을 선정한 후 상황의 문제가 무엇이며, 상황이 아동에게 어떤 의미가 있고, 이러한 상황에 대한 정보를 어떻게 얻을 수 있는지를 분석한다. 상황을 통해 유아가 도달할 수 있는 목표를 세운 후 어떤 교육활동 및 공간구성을 할 것인지 등 구체적인 교육방법을 결정하는 것으로 연계된다.

2) 열린 유아교육기관

유아가 자신의 발달을 능동적으로 이끌어 갈 수 있는 존재라는 교육관에 기초한다. 교사의 역할은 유아들을 신뢰해 주는 것이며, 유아들의 개성이 잘 발현되도록 격려해 주고, 필요시 도움을 제공하는 인적환경을 조성해 준다. 열린 유아교육을 유치원에서 실시하게 된 동기는 1990년대 초반, 고정학급의 한계에서부터 시작된다. 고정학급은 동일 시간 내에 동일한 내용을 학습하거나 놀이하는 것으로 이러한 방식으로는 유아, 교사, 부모 모두가 만족할 만한 교육수준에 도달할 수 없다는 결론에 이르렀다. 따라서 개별 유아의 흥미와 능력에 따라 각 영역에서 소집단으로 자유롭게 활동할 때 바람직한 교육이 이루어진다고 주장한다.

3) 몬테소리 유아교육기관

1925년 '독일몬테소리협회'가 창립되어 지금까지 많은 활동을 하고 있으며, 이는 몬테소리가 1929년에 '국제몬테소리협회'를 세운 것보다 4년 앞선 것이다. 몬테소리는 루소의 교육관으로부터 많은 영향을 받아 아동이 선천적으로 선하게 태어나는 선한 존재라고 인식하였다. 따라서 개별 아동의 선한 천성이 정상적으로 발달하도록 돕는 것이 교육의 주된 목적이며, 정상발달 궤도를 벗어난 아동을 정상화로 이끌기 위해 준비된 환경의 필요성을 강조하였다. 정상화란 이상적인 아동을 의미하는 것이 아니라 자신의 본성과 그 이전에 전제되어 있는 구체적인 생활 및 교육조건 사이에서 개인의 발달 가능성을 최적으로 이끄는 것을 의미한다.

[그림 6-20] 독일의 몬테소리 어린이집

출처: 경기문화재단 TV(2013. 8. 15.).

한국
일본
미국
영국
프랑스
독일
스웨덴

4) 발도로프 유치원

발도르프 유치원은 루돌프 슈 타이너(Rudolf Steiner, 1861~1925) 의 인지학과 교수법에 근거하여 설립·운영되고 있다. 교사는 유 아를 지구상에서 유일한 존재로 여기며, 유아의 잠재성을 일깨우 고, 유아의 본성을 살펴 정신적 발달의 후원자 역할을 해야 한다 고 강조하였다. 완제품은 일정한

[그림 6-21] 독일 발도르프 유치원 교실 전경
출처: https://de.wikipedia.org/wiki/Waldorfschule.

형태를 갖고 있어 유아의 상상력을 방해하기 때문에 발도로프 유치원에서는 가능한 한 완제품을 사용하지 않는다.

[그림 6-22] 발도로프 원목교구(마블트리)

5) 숲 유치원

덴마크 숲 유치원 교육이념의 영향을 받아 1993년 플렌스부르크(Flensburg)시에 숲 유치원이 설립되었다. 그다음 해인 1994년 뤼베크(Lubeck)시와 베르글랜(Berglen)시에 플렌스부르크 숲 유치원의 교육이념에 따라 숲 유치원이 설립되었다. 숲 유치원은 인간과 자연의 조

[그림 6-23] 독일 숲 유치원

출처: Merkur.de(https://www.merkur.de/).

화로운 관계를 유아기부터 자연스럽게 알게 하여, 유아의 신체와 정신을 전인적으로 성장 · 발달시키며 유아의 개성적인 발달을 돕는다. 숲의 다양한 사물을 이용하여 놀이 활동을 전개하기 때문에 상품화된 장난감으로부터 벗어날 수 있으며, 유아의 상상력과 창의력을 촉진시킨다.

[그림 6-24] 독일의 숲 유치원

출처: MBC 스페셜(2017. 1. 14.).

[그림 6-25] 독일의 숲 탁아소

한국
일본
미국
영국
프랑스
독일
스웨덴

독일 숲 유치원에서는 자연 그 자체가 아이들의 교구이자 놀이 공간이다. 숲 유치원에 다니는 아이들은 수업 시작 전에 숲을 거닐면서 산책으로 하루를 시작한다. 숲속에서 노래를 부르고 춤도 추고 여러 다양한 놀이를 창의적으로 구상하고, 교사가 아이들 수

[그림 6-26] 쓰러진 나무 기둥을 타고 노는 독일 유아들

출처: 한국교직원공제회 블로그(2019. 1. 31.).

준에 맞게 동화를 각색하여 들려주면서 수업을 진행한다. 숲 교육의 효과를 높이기 위해서는 일시적인 프로그램이 아닌 숲에서 일상을 즐기는 체험이 지속되어야 하고, 숲 교육 담당자는 숲 관련 지식 전달뿐만 아니라 아이들이 능동적으로 움직이며 자연스럽게 지식을 구성하도록 지원해야 한다.

6) 자연·환경 유치원

환경교육에 있어 첫 출발점은 유아들의 생활습관을 개선시키는 것으로, 자연·환경 유치원에서는 환경친화적 실내 및 실외 환경을 구성하고 유아들에게 환경을 보존하고 함께할 수 있는 프로그램을 제공한다. 독일의 자연·환경

[그림 6-27] 독일 환경유치원

출처: 프레시안(http://www.pressian.com/).

유치원은 지속적으로 증가하는 추세이다.

4. 유아교육 · 보육교사

독일 헌법에 '모든 사람은 출신성분, 경제능력에 관계없이 자기 소질에 알맞은 교육과 연수를 받을 권리가 있다(Baden-Wurttemberg, 헌법 제11조).'라고 명시되어 있듯이 독일은 모든 사회구성원이 평등하게 교육받을 수 있는 기회를 제공하여 교육에서의 기회균등이 이루어지고 있다. 취학 전 교육을 제외한 초등교육에서부터 대학교육에 이르기까지 공교육과 무상교육 차원에서 실행되고 있다. 또한 독일의 교육제도는 어떤 직업에 종사하든지 그 일을 통해 사회에 봉사한다는 개념에서 출발하며, 모든 구성원에게 직업교육을 받을 기회를 의무적으로 제공한다.

1) 교육자(Erzieher/Erzieherin) 양성과정

독일의 교육자는 유아원교사(Kinderkrippe erzieherin), 유치원교사(Kindergärtnerin), 어린이마을교사(kinderdorf), 수용시설교사(Heimerzieherin), 호르트교사(Hortnerin) 등 여러 종류의 사회교육기관에서 종사하는 인력을 총칭한다. 교육자 양성과정은 각 주의 교육부에서 관할하며, 다양한 형태와 교육과정을 갖고 있다(이명환, 박수연, 2010). 대부분의 교육자는 대학이 아닌 전문학교(Fachschule)에서 양성된다.

[그림 6-28] 독일의 유아원교사

출처: www.waz-online.de/Gifhorn/Papenteich/Dritte-Erzieherin-fuer-Kinderkrippen-Gruppe.

[그림 6-29] 독일의 유치원교사

출처: https://www.kita.de/wissen/kinderpflegerin-ausbildung/.

　　유치원교사가 되기 위해서는 3년의 전문학교 과정 중 2년의 이론교육 과정과 1년의 실습교육 과정을 이수해야 하고(양옥승, 2014), 현장실습을 마친 후 시험에 합격하면 국가가 인정하는 유치원교사 자격을 취득하게 된다. 전문학교 졸업과 동시에 자격증을 취득하는 경우도 있지만, 졸업 이후 1차 시험에 합격하고, 일정한 교육 경력을 소지한 상태에서 2차 시험을 통과해야만 자격증을 취득할 수 있는 등 각 주별로 다소 차이가 있다.

2) 보육교사(Kinderpfleger/Kinderpflegerin) 양성과정

보육교사는 대부분 유아원, 유치원, 보육원 등에서 근무하고, 유아교육기관과 사회교육기관에 종사하는 전문인력의 업무를 보조하고 협력하는 역할을 담당하며, 기본학교(Hauptschule)를 수료한 후 졸업증명서와 성적증명서, 건강진단서를 해당학교에 제출한 다음 면접을 보고 필요시 필기시험에 합격하여야 입학할 수 있다.

보육교사는 2년의 양성과정을 이수해야 한다. 구체적으로 전공과목으로는 영양 및 영양실습, 예술과 공예, 교수방법, 가족과 노동법, 환경교육, 놀이교육, 아동문학, 교육학, 심리학 등을 이수하고, 교양과목으로는 독일어, 일반사회, 영어, 종교 혹은 철학, 스포츠 등을 이수한다. 2년의 양성기간 동안 16주의 현장실습을 이수하고, 이론 및 실제와 구두시험에 합격하면 국가가 인정하는 보육교사(Stattlich geprüfter Kinderpfleger) 자격을 취득하게 된다(이명환, 박수연, 2010).

[그림 6-30] 독일의 보육교사

출처: https://www.kita.de/wissen/kinderpflegerin-ausbildung/.

한국
일본
미국
영국
프랑스
독일
스웨덴

Epilogue

독일 정부는 여성이 취업과 육아를 병행할 수 있도록 재정적·제도적인 지원을 제공하고 있으나, 자녀양육에는 많은 시간과 비용이 필요하다는 인식으로 인해 여전히 출산 기피 현상이 나타나고 있다. 이를 극복하기 위해 부모휴직, 가족수당, 아동수당 등 다양한 양육지원정책을 제공하고 있다. 독일 정부의 청소년청과 각 주의 청소년국이 상호협력하여 유아원부터 유치원, 호르트까지 일원화된 교육체계를 갖추고 있다. 교사양성제도는 유치원교사와 보육교사 양성체계가 구분되어 있고, 각 주의 교사자격 취득 조건 역시 다르다. 자연과의 상호작용을 통해 유아가 발달하고 성장하도록 숲 유치원, 발도르프 유치원이 활발하게 운영되고 있으며, 전통적인 몬테소리 유치원도 독일을 대표하는 유아교육·보육프로그램이다. 유아의 행복한 삶을 위해 무엇보다 유아의 개성을 중시하고 있다는 점이 독일 유아교육·보육기관의 특징이다.

참고문헌

경기문화재단 TV(2013. 8. 15.). 이것이 미래교육이다 시리즈.

www.youtube.com/watch?v=py3Qo5kuckE

김해순(2013). 독일통일 이후 일-가족 조화정책과 여성경제활동: 성별분업을 위주로.

젠더와문화, 6(2), 7-42.

백모란, 안준석(2016). 프뢰벨. 서울: (주)한국슈바이처.

손지영(2005). 독일 통일 전후의 유아교육제도 연구. 세종대학교 교육대학원 석사학위

논문.

양옥승(2014). 통일대비 미국, 중국, 독일, 스웨덴의 영유아 교육보육 시스템 분석. 유

아교육연구, 34(6), 585-597.

육아방송 세계인의 육아 3부. 독일 부모는 자녀를 어떻게 키울까요?

www.youtube.com/watch?v=vcFisQK4fBU

육아정책연구소(2016). 2016년도 해외 육아정책 동향 정보 자료집. 서울: 육아정책연구소.

이명환(1996). 통독의 보육 및 유아교육의 현황과 실제. 미래유아교육학회지, 2(1), 135-

166.

이명환, 박수연(2010). 독일의 육아정책: 세계육아정책동향 시리즈 10. 서울: 육아정책연

구소.

정성식(2015). 독일의 두 학교 이야기. 열린전북, 2015년 10월호.

중앙시사매거진(2016. 12. 23.). 김환영의 CEO를 위한 인문학-역사를 만든 '죽은 백

인 남자들'(10) 마르틴루터.

한국교직원공제회 블로그(2019. 1. 31.). 환경을 사랑하는 독일의 숲유치원.

Grossmann, W. (1992). *Kindergarten und Pädagogik*. Basel: Beltz, Weinheim.

MBC 스페셜(2017. 1. 14.). 일곱 살의 숲. www.youtube.com/watch?v=Vi23SbJUsdM

Statistische Amter des Bundes und der Lander (2010).

한국

일본

미국

영국

프랑스

독일

스웨덴

독일 연방 통계청(http://www.destatis.de)

아동수당 및 추가수당 신청사이트(https://www.arbeitsagentur.de/)

아동수당가이드(www.kindergeld.org)

프레시안(http://www.pressian.com/)

한국프뢰벨 홈페이지(http://www.froebel.co.kr)

How To Germany(https://www.howtogermany.com/pages/parental_allowance.
html)

http://www.naitschau.de/schulhort.html

https://de.wikipedia.org/wiki/Waldorfschule

https://dispatcheseurope.com/brexit-hell-are-new-parent-benefits-other-german-
entitlements-ending-for-british-expats/

https://www.elternzeit.de/familiengeld/

https://www.familie-und-tipps.de/Kinder/Kinderbetreuung/Kinderkrippen.html

https://www.kita.de/wissen/kinderpflegerin-ausbildung/

https://www.medmix.at/eltern-kind-beziehung-und-seine-bedeutung/

Kindergeld für AusläAAnder(https://www.kindergeld.org)

Merkur.de(https://www.merkur.de/)

Mkenya Ujerumani(https://mkenyaujerumani.de)

Netzsieger(https://www.netzsieger.de/ratgeber/der-grosse-kitakosten-index)

World Bank Open Data(https://data.worldbank.org/)

www.waz-online.de/Gifhorn/Papenteich/Dritte-Erzieherin-fuer-Kinderkrippen-
Gruppe

www.youtube.com/watch?v=HLwON0kU83M

Chapter 07

스웨덴 Sweden

Prologue

"나는야, 말괄량이 주근깨투성이~"

삐삐는 빨간 머리에 주근깨투성이, 짝짝이 스타킹에 큼직한 구두를 신고 절친 원숭이 닐슨 씨와 함께 등장한다. 뒤죽박죽 별장에서 자유분방한 모험을 즐기는 삐삐의 모습은 작가 린드그렌이, 아니 스웨덴 사람들이 아이들에게 '자유를 즐기라고, 마음껏 상상하라고, 바람을 타고 하늘을 날아도 좋다고' 말하는 것은 아닐까? 정원을 아름답게 꾸미는 '초록 아줌마', 과자를 맛있게 굽는 '갈색 아줌마', 장미와 제비꽃을 멋지게 수놓은 '보라 아줌마' 이야기에서 우리는 스웨덴 사람들의 일상을 엿볼 수 있다. 작은 공원과 아름다운 언덕, 빙하가 만들어 낸 호수 그리고 육아카페에 유모차를 밀고 온 라떼파파들의 담소. 에메랄드 빛 물결이 끝없이 펼쳐진 아름다운 호수의 나라이자 북유럽 동화의 나라, 스웨덴!

Sweden

Ⅰ. 개요 및 역사적 맥락

1. 개요

스웨덴의 정식 명칭은 스웨덴 왕국(Kingdom of Sweden)으로, 유럽 북부 노르웨이, 핀란드, 보트니아만, 발트해, 북해와 경계를 이룬 스칸디나비아반도 동남부에 위치하고, 면적은 449,964㎢, 수도는 스톡홀름, 공용어는 스웨덴어이다. 기후는 겨울에 한랭하고 여름에 온화하며, 다른 서유럽 국가에 비해 공업화 시작이 다소 늦었으나, 제1·2차 세계대전 시 전쟁수요에 힘입어 공산품 위주의 수출주도형 경제로 발전하였다.

[그림 7-1] 스웨덴 국기

[그림 7-2] 스웨덴 지도

스웨덴의 인구는 2015년 10월 기준 980만 명으로 게르만족인 스웨덴인 95%, 핀란드인 4% 정도이며, 합계 출산율은 1.9명이다. 2014년 기준 1인당 GDP는 4만 5천 달러이고, 2016년 기준 여성의 경제활동 참여율은 80.2%이다. 폭넓은 사회보장제도를 펼치는 세계적인 복지국가인 스웨덴 정부의 공공사회정책 지출은 GDP의 28.1%이고, 국민의 조세부담률은 50~55%로 높은 편이다.

2. 역사적 맥락

1) 스웨덴의 역사

게르만족의 피를 이어 받은 스웨덴의 역사는 500년 무렵 남부의 쇼넨 지방에 정착한 고트인과 600년 무렵 웁살라 근처에 정착한 스비아인이 스웨덴에 정착하면서 출발하였다. 작은 부족 단위로 출발했지만 '바이킹 시대'로 일컬어지는 9세기경부터 비잔틴, 아랍과의 교류를 통해 해상무역의 강자로 유럽 무대에 등장하였다. 그러나 12세기 바이킹의 몰락과 함께 발트해 연안의 상권을 장악한 한자동맹에 경제권을 장악당했다. 13세기 중반에는 정략결혼으로 덴마크, 노르웨이 왕을 겸하던 여왕 마르그레테의 통치를 받았는데, '칼마르 동맹'이라고 불리는 이 동맹은 1523년까지 126년간 지속되었다.

16세기 초에는 스웨덴의 귀족 구스타프 바사가 농민군을 앞세워 덴마크 왕권을 축출하는 데 성공해 '칼마르 동맹'을 해체시키는 한편, 독일에서 일어난 종교개혁에 힘입어 교회를 개혁하고, 루터파 신교를 채택하였다. 17세기에는

구스타프 아돌프에 의해 근대국가로의 새로운 기틀을 확립하고, 교육·내각 제도를 혁신하였으나, 뒤를 이은 크리스티나 여왕과 칼 12세가 러시아 등과의 전쟁에서 패해 발트해 주변의 영토 대부분을 상실했다. 정치적 불안과 외세의 침입으로 많은 영토를 상실한 스웨덴을 다시 일으켜 세운 인물은 칼 14세로, 핀란드와 노르웨이를 지배하는 등 스칸디나비아 강국으로 군림하였다.

[그림 7-3] 구스타프 아돌프 2세

　　1905년 스웨덴과 노르웨이의 왕권 동맹이 오스카르 2세의 통치기간 중 해체되면서 현재의 영토로 정비되었다. 1914년 덴마크 및 노르웨이와 '말뫼 협정'을, 대공황 이후 사회민주당 및 노사 대표와 함께 '잘트쉐바덴 협약'을 체결하면서 현대 스웨덴의 기본 체계인 복지국가로의 확대 발전, 부의 재분배, 전쟁 불개입 등의 기본 골격이 확립되었다.

　　제2차 세계대전 후 국민·노후연금제도, 아동양육보조금 확대 등 복지정책의 확대와 더불어 매년 6% 이상의 눈부신 경제 성장을 달성하였다. 1995년 EU에 가입하고, 2000년대 이후 정보통신, 환경보호, 생명공학 분야에서도 두각을 나타내며 북유럽 경제의 선두주자로, 민주주의의 안정, 사회보장제도의 발전, 중립 정책 등을 고수하며 '복지국가의 요람'으로 자리매김하였다.

[그림 7-4] '육아휴직한 아빠'란 제목의 1978년 스웨덴 정책 포스터

출처: 경향신문(2018. 4. 9.).

2) 스웨덴 유아교육 · 보육의 역사

(1) 육아 친화적 사회, 스웨덴

스웨덴이 육아 친화적인 사회가 된 배경에는 여러 가지 이유가 있으나, 부족한 노동력을 보완하려는 목적이 대표적 이유이다. 북유럽의 척박한 자연환경, 상대적으로 적은 인구로 국가의 발전을 이끌기 위해서는 국민 한 명의 노동력이라도 더 절실히 필요하였고, 이에 인구의 절반을 차지하는 여성의 노동시장 참여를 독려하였다. 또한 스웨덴은 다른 북유럽 국가와 마찬가지로 높은 조세율과 체계적인 복지정책을 펼치고 있어 고복지 사회를 지탱하기 위해서는 더 많은 세입이 필요하였기 때문에, 결혼과 출산, 자녀양육으로 인해 여성들이 노동시장을 떠나는 것은 국가적 손해라고 판단하였다. 이를 극복하고자 육아 친화적인 인프라와 정책을 구축하였고, 부모가 모두 일을 하면서 마음 놓고 아이를 낳아 기를 수 있는 환경을 마련하였다. 따라서 육아 친화적인 사회를 구축하는 일은 자녀와 가족을 위한 일일뿐만 아니라 경제적 효율성을 고려하여 지속적으로 발전 가능한 사회를 건설하기 위한 목적이었다. 장기적인 안목으로 인적 자원에 대해 투자하고, 어머니와 자녀 모두 미래의 인재이자 세금을 내는 사회구성원으로 간주하였다.

(2) 아동체벌방지법

스웨덴은 전통적으로 민주적 인간관계를 존중해 왔기 때문에 자녀양육에도 이러한 전통이 반영되어 있다. 체벌이 법으로 금지된 1979년 이후 권위주의적 양육방법을 사용하는 부모를 찾아보기는 어렵다. 또한 모든 아동은 보육시설이나 학교에서 안전을 보장받을 권리가 있으며, 놀림이나 모욕을 받는 아동이 단 한 명이라도 있다면 그 기관은 물론이고 사회 전체가 실패한 것으로 간주될 만큼 스웨덴에서 아동은 소중한 존재로 인식되고 있다(National Report of Sweden, 1999).

(3) 유엔아동권리협약

스웨덴에서는 모든 아동이 자신의 권리를 누려야 함을 명시한 유엔아동권리협약을 1990년에 채택하였다. 이 협약의 54개 조항 중 4개의 조항은 기본원칙으로 스웨덴의 모든 공공기관에서는 유엔아동권리협약을 준수해야 한다. 1의 2조 아동은 차별받지 않을 권리를 갖는다, 2의3조 아동의 이익이 최우선적으로 고려되어야 한다, 3의6조 아동은 타고난 생명을 보호받고 건강하게 자랄 권리가 있다, 4의12조 아동은 자신의 의견을 말할 권리가 있으며 그 의견은 정당히 존중받아야 한다는 4개의 조항이 기본원칙에 해당한다.

Ⅱ. 양육지원

1. 일 · 가정 양립

1) 어머니의 탄력근무제 요청

2016년 시행된 탄력근무제에 관한 설문조사 결과, 대학교 졸업 이상의 학력을 요구하는 직업에 종사하는 어머니 10명 중 6명은 탄력근무에 대한 선택권이 주어지지 않는다면 근무시간을 줄여야 한다고 응답하였다. 본인이 원하는 시간과 장소에서 일할 경우 주어진 업무를 훨씬 더 수월하게 완수할 수 있고,

탄력근무 선택권이 주어지지 않는다면 시간제로 근무하게 될 것이라고 응답했다. 이처럼 탄력근무제는 기혼여성의 경력 단절을 예방할 수 있는 제도이며, 부모 모두 탄력근무를 이용할 수 있다면 일·가정 양립에 도움을 주는 대표적인 제도가 될 것이다. 따라서 가족친화적 직장에서는 직원의 탄력근무제를 지원할 필요가 있다(육아정책연구소, 2016).

2) 육아휴직 중 유치원 종일반 등록 가능

2016년 12월 12일, 스톡홀름시의회에서는 부모가 육아휴직 중인 자녀의 유치원 종일반 등록을 공식적으로 인정하였다. 양질의 유치원이 영유아의 건전한 성장과 발달에 도움이 된다는 점에서 이러한 수정안을 통과시켰다. 스톡홀름에 거주하는 아동의 부모가 더 어린 자녀를 위해 육아휴직 중인 경우, 그 아동은 1주일에 30시간의 유치원 등록이 가능하고, 이는 법령이 정한 최소 시간인 15시간의 2배에 해당한다(육아정책연구소, 2016). 반면, 이 수정안을 반대하는 입장에서는 아동 과밀화 현상 및 인력 부족을 이유로 제시하였다. 수정안에는 아동에 관한 관점이 포함되어 있지 않으며, 탄력적인 귀가시간을 포함한 부모의 권리만 고려되었을 뿐, 아동에게 양질의 유치원을 제공한다는 방안은 보장되지 않았다. 또한 추가예산도 확보되지 않았으며, 스톡홀름 지역의 교사 인력 부족 현상에 대한 대안도 제시되지 않았다.

한국

일본

미국

영국

프랑스

독일

스웨덴

[그림 7-5] 육아휴직 중인 스웨덴 공주 남편

출처: 중앙일보(2014. 12. 4.).

2. 양육정책

스웨덴에서는 여성의 경제활동을 촉진하기 위해 남성의 육아휴직 사용을 장려한다. 육아휴가 정책은 양성평등 및 노동시장 정책과 연계되어 있으며, 임신급여, 아버지 휴가, 출산·육아휴직, 아동 병간호 휴가 제도가 있다. 휴직기간 중에는 시간제(일일 근무시간의 75%, 50%, 25%)로 근무할 수 있으며, 유연 시간제 근무는 부모가 자녀의 육아와 병행하여 직장생활을 하도록 돕는다. 2011년 기준 남성의 육아휴직 사용 비율은 24.5%로 과거에 비해 증가하였으나, 여전히 여성의 육아휴직 사용 비율이 더 높다. 여성의 직장 내 입지가 불안정하고, 은퇴이후 연금소득이 남성보다 적은 현상이 발생하자, 정부는 남성의 육아휴직을 장려하기 위해 2016년 1월부터 아버지 할당제를 기존 60일에서 90일로 연장하였다.

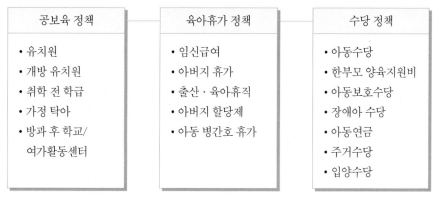

공보육 정책	육아휴가 정책	수당 정책
• 유치원 • 개방 유치원 • 취학 전 학급 • 가정 탁아 • 방과 후 학교/ 여가활동센터	• 임신급여 • 아버지 휴가 • 출산·육아휴직 • 아버지 할당제 • 아동 병간호 휴가	• 아동수당 • 한부모 양육지원비 • 아동보호수당 • 장애아 수당 • 아동연금 • 주거수당 • 입양수당

[그림 7-6] 스웨덴의 아동양육 지원제도

출처: 주스웨덴 대사관(2016).

[그림 7-7] 스웨덴의 개방 유치원에서 음률활동 중인 교사와 부모-영아

출처: EBS 다큐프라임-행복의 조건, 복지국가를 가다 4부 보육.

1) 임신급여(Pregnancy Benefit/Graviditetspenning)

임신한 여성이 육체노동이나 위험직종 등 직업 특성상 일을 계속할 수 없으면서 대체업무가 제공되기 어려울 때 출산 60일 전부터 사용 가능하며, 최대 50일간 사용할 수 있다. 휴가기간 중 월 급여의 80%를 임신급여로 지급하며,

일일 한도액은 709크로나(SEK, 2019년 1SEK=121원)로 50일은 출산·육아휴직 480일에서 공제(출산·육아휴직 일수에 포함)한다. 출산 예정 10일 전부터는 출산 준비를 위한 부모수당(Parental Benefits)을 지급하며, 임산부는 동 기간 중 하루 노동시간의 75%, 50%, 25%를 시간제로 근무할 수 있다. 이때 근무시간에 대해서는 정상 급여를 지불하고, 근무하지 않은 시간에 대해서는 월평균 소득의 80%에 해당하는 임신급여를 지급한다. 또한 휴가기간은 시간제 근무 상황에 비례하여 연장된다.

2) 아버지 휴가(Paternity Leave)

아버지가 자녀 출생 시 출산을 전후하여 임산부를 동반하고, 자녀를 돌보는 방법을 학습할 기회를 제공하며, 자녀 입양 시 입양자녀와 부모가 친해지는 시간을 제공하기 위한 목적으로 스웨덴에서는 10일간의 아버지 휴가제도를 1980년부터 시행하였다. 이는 자녀를 출산하거나 입양한 후 60일 이내에 사용해야 하고, 쌍둥이 출산·입양 시 20일, 세쌍둥이 출산·입양 시 30일 동안 사용 가능하다. 휴가기간 중 월 급여의 80%를 지급하며, 10일은 출산·육아휴직 480일에 포함되지 않는다. 이 기간에는 시간제로 근무가 가능하여 일일 근로시간의 75%, 50%, 25%를 근무할 경우, 근무시간에 대해서는 정상 급여를 지불하고, 근무하지 않은 시간에 대해서는 월평균 소득의 80%에 해당하는 임시부모휴가 수당을 지급하는데, 근무시간을 50% 축소할 경우 20일간 휴가 사용이 가능하다.

[그림 7-8] 스웨덴의 아빠와 유아

출처: 한겨레신문(2014. 10. 29.).

3) 출산 · 육아휴직(Parental Leave/Föräldrapenning)

스웨덴에서는 1955년 어머니의 출산휴가 제도가 도입되었고, 1974년에는 세계 최초로 아버지 육아휴직 제도를 도입하였다. 이는 자녀 출산 예정일 60일 전부터 사용 가능한데, 자녀 출산 또는 입양 시 자녀 1인당 총 480일의 유급휴직을 사용할 수 있으며, 390일은 월 소득의 80%(일일 한도액 946크로나)를 지급하고, 나머지 90일은 기본 급여인 1일 180크로나를 고용주가 아닌 사회보험청이 지급한다. 출산 예정일 60일 전부터 11일 전까지는 임신급여를 지급하고, 10일 전부터는 출산 · 육아휴직 수당을 지급하며, 연간 소득이 106,000크로나 이하인 저소득층 가정 또는 실직가정의 경우에는 휴직기간 동안 기본 급여인 1일 250크로나를 지급한다. 고용주가 노조와 맺은 단체협약에 의해 별도로 육아휴직 수당을 지급하는 경우도 있는데, 이 경우 피고용자의 휴직수당 총액은 월 급여의 90%에 해당한다.

[그림 7-9] 놀이터에서 그네를 타고 있는 스웨덴 유아

〈표 7-1〉 스웨덴의 자녀 수별 육아휴직 일수(2016년)

자녀 수	월 급여의 80% 지급 일수	기본급여 지급 일수	합계
1명	390일	90일	480일
2명	480일	180일	660일
3명	660일	180일	840일
4명	840일	180일	1,020일

출처: 주스웨덴 대사관(2016).

4) 아버지 할당제(Father's Quota)

아버지 할당제는 1995년 도입되었으며, 총 480일의 출산·육아휴직 기간 중 아버지만이 사용할 수 있고, 어머니에게 양도할 수 없는 기간으로 아버지가 사용하지 않을 경우 소멸된다. 1995년 도입 당시에는 1개월(30일), 2002년에는 2개월(60일)로 연장되었고, 아버지의 육아휴직 사용 장려를 위해 2016년 1월부터 기존 60일에서 90일로 연장했다. 90일은 어머니에게 양도 불가하여 아버지가 90일을 사용하지 않을 경우 휴가일수는 소멸되며, 어머니는 90일을 제외한 390일 동안 육아휴직을 사용할 수 있다.

5) 아동 병간호 휴가(Temporary Parental Benefit)

1~12세 이하 자녀를 둔 부모가 자녀의 병간호를 위해 휴직해야 하는 경우 아동 병간호 휴가를 사용할 수 있다. 자녀 한 명당 연간 최대 120일 사용 가능하고, 이 기간에는 월 급여의 80%를 지급한다. 1세 미만 자녀가 아플 경우 일반적으로 육아휴직을 사용하나, 1세 미만 자녀가 입원해 있을 경우 병간호 휴가를 사용할 수 있다. 자녀가 심각한 질병이 있는 경우에는 기간 제한 없이 병간호 휴가를 사용하며, 12~16세 자녀는 특별한 경우(만성질환 또는 장애가 있거나, 혼자서는 병을 감당하지 못할 경우, 자녀의 병원 진료를 위해 동반해야 되는 경우 등)에 병간호 휴가 사용이 가능하다. 16세가 지난 자녀가 정신장애, 자폐스펙트럼장애, 신체장애 등을 사유로 「일부 기능 장애자에 대한 지원 법률(Act concerning Support and Service for Persons with Certain Functional Impairments)」의 적용을 받는 경우 병간호 휴가를 21세까지 연장하여 사용할 수 있다.

〈표 7-2〉 스웨덴의 양육지원정책 도입 현황

도입 연도	제도명
1948년	아동수당(Child Allowance)
1955년	출산휴가(Maternity Leave)
1974년	육아휴직(Parental Leave)
1974년	아동 병간호 휴가(Temporary Parental Benefit)
1980년	아버지 휴가(Paternity Leave)
1995년	아버지 할당제(Father's Quota)
2002년	유치원 부모부담 한도액

출처: 주스웨덴 대사관(2016).

6) 아동수당(Child Allowance)

공보육 정책과 육아휴가 정책이 여성의 취업과 연계된 정책인 반면, 아동수당(Child Allowance/Barnbidrag) 제도는 자녀가 있는 가정에 대한 경제적 비용 분담을 목적으로 하는 제도이다. 구체적으로 아동수당, 한부모 양육지원비, 아동보호수당, 장애아 수당, 아동연금, 주거 수당, 입양수당 등의 제도가 있다. 보편적 아동수당은 법적 부부가 아닌 사실혼 관계에서 출생한 자녀에게도 지급한다.

스웨덴의 아동수당 제도는 세 가지 유형으로 구분되는데, 자녀가 16세가 될 때까지 지급되는 '기본아동수당', 이후 자녀가 고등학교 등에 진학하는 경우 졸업할 때까지 지원되는 '연장아동수당', 그리고 자녀 수가 증가할수록 지원액이 누진 증가되어 가정의 양육부담을 경감시키는 '다자녀가족보조금'이 있다.

〈표 7-3〉 스웨덴의 유형별 아동수당제도

유형	내용
기본아동수당 (basic child allowance)	• 자녀가 16세가 될 때까지 매월 1인당 1,050크로나 지급
연장아동수당 (extended child allowance)	• 16세 이상인 자녀가 고등학교에 재학 중인 경우 졸업할 때까지 지급
다자녀가족보조금 (large family supplement)	• 자녀가 2명 이상인 경우 자녀 수에 누진 증가되어 지급 • 16세 이상인 자녀가 부모와 함께 살고 고등학교에 재학 중이며 결혼하지 않았을 경우, 20세가 되는 해의 6월까지 지급

출처: 주스웨덴 대사관(2016).

〈표 7-4〉 스웨덴의 자녀 수별 아동수당(2015년)　　　　　　　　　　(단위: 크로나)

자녀 수	아동수당	다자녀가족 보조금	합계	다자녀가족 보조금 증가액	다자녀가족 보조금 증가율
1명	1,050 (123달러)	–	1,050 (123달러)	–	–
2명	2,100 (247달러)	150 (17달러)	2,250 (264달러)	–	–
3명	3,150 (370달러)	604 (71달러)	3,754 (441달러)	454 (53달러)	302.7%
4명	4,200 (494달러)	1,614 (190달러)	5,814 (684달러)	1,010 (118달러)	167.2%
5명	5,250 (617달러)	2,864 (337달러)	8,114 (954달러)	1,250 (147달러)	77.4%
6명	6,300 (741달러)	4,114 (484달러)	10,414 (1,223달러)	1,250 (147달러)	43.6%

출처: 주스웨덴 대사관(2016).

Ⅲ. 유아교육·보육 현황

　　스웨덴의 유치원(푀르스콜라, förskola)은 부모의 근로시간을 고려하여 대부분 연중무휴 및 종일제(6:30~18:30) 운영을 원칙으로 한다. 영유아기 교육·보육 기관은 공립 푀르스콜라 입소를 기다리는 동안의 비형식적 가정보육 프로그램, 종일제 및 시간제 개방형 푀르스콜라 프로그램, 그리고 취학 직전 6세 대상의 취학 전 학급으로 구분된다. 1~2세의 보육서비스 이용률은 70% 수준, 3~6세의 기관 이용은 95% 수준이지만, 생후 12개월까지는 육아휴직을 이용하여 가정에서 부모에 의한 양육이 보편적이다. 보육서비스 이용 비용은 중앙정부와 지방정부, 그리고 부모가 함께 부담하며, 부모의 취업여부에 따른 차등 지원이 이루어진다. 하루 3시간의 반일제 교육·보육서비스는 소득수준에 관계없이 무상으로 제공하고, 하루 3시간 이상의 교육·보육서비스 이용에 대해서는 실제 이용시간과 소득수준, 자녀 수, 거주지역을 반영하여 부담액을 산정한다. 놀이에 기반한 아동 돌봄 및 교육을 제공한다는 원칙하에 돌봄, 식사, 휴식, 놀이와 학습 기회를 제공하고, 자연친화적인 교육을 중시하며, 영유아가 학습에 대해 부담감을 갖지 않도록 놀이를 통해 예절과 언어, 수학, 미술 등을 가르친다.

1. 유아교육·보육 비용

스웨덴의 GDP 대비 공공지출 중 가족지원을 위한 비율은 전체 3.6%이며, 그중 각종 수당을 포함한 현금지원은 1.4%, 서비스지원은 2.2%로 보육 등 서비스지원을 위한 지출 비중이 매우 높은 편이다. 양성평등의식 및 여성의 노동시장 참여로 공보육 체계가 일찍부터 발전한 결과, 육아휴직 및 아동수당과 더불어 영유아기 교육·보육서비스가 제공되고, 다자녀가구와 취약계층을 대상으로 추가적인 지원이 제공된다(최윤경, 김윤환, 이혜민, 2015).

기관 이용 시 비용 지원의 경우, 부모부담에 대한 보육료 상한제를 실시하고, 가구소득, 자녀연령, 자녀 수 및 맞벌이 여부를 종합적으로 고려하여 차등 지원한다. 스웨덴은 1980년대 1.5명 수준이었던 출산율이 2014년에는 1.9명으로 상승하였는데, 이는 1998년 유아교육과 보육 업무를 교육부로 통합하고, 유아학교 개혁의 일환으로 3시간의 무상교육을 전면 실시함과 동시에 다양한 육아지원제도를 지속적으로 추진한 결과이다.

부모의 취업여부와 관계없이 3세 이상의 모든 아동에게 주당 15시간(연간 525시간, 1일 3시간, 반일제)을 지원한다. 부모가 취업한 경우에는 주당 평균 40시간, 비취업 부모의 경우 그 이상의 비용을 부담하며, 2016년부터는 부모부담 비용의 상한액을 올렸다.

〈표 7-5〉 유치원(푀르스콜라) 부모부담 비용 상한액

(단위: 크로나)

구분	상한 비율	상한액	
		2015년	2016년
첫째 자녀	월 소득의 3%	1,287(약 18만 원)	1,313(약 18만 5천 원)
둘째 자녀	월 소득의 2%	858(약 12만 원)	875(약 12만 3천 원)
셋째 자녀	월 소득의 1%	429(약 6만 원)	438(약 6만 2천 원)

출처: 최윤경 외(2015).

　지역주민이 지방자치단체에 납부한 세금을 지자체가 다시 아동에게 지원해 주는 바우처 제도를 도입하여 부모의 선택권을 강화하고, 서비스 이용을 다양화하였다. 이로 인해 2013년부터 부모의 만족도가 높은 영리 사립기관을 이용하는 영유아의 비율이 증가하였고, 지방자치단체의 자율권에 따라 바우처가 다양하게 제공되고 있다.

　취학 전 학급(Pre-school class)에서 대학교까지는 무상교육으로 지원되는데, 모든 6세 아동은 주당 15시간, 연간 525시간이 무상이지만, 1~5세 취학 전 아동의 교육에 대해서는 부모가 일정 비용을 부담한다. 이러한 부모 부담을 최소화시키기 위해 '부모 부담 한도액'을 설정하고 있으며, 한도액을 설정함으로써 부모의 소득수준에 관계없이 자녀가 동등한 수준의 교육과정을 제공받도록 보장한다.

　2010년 기준 1~2세 아동의 70%, 3~5세 아동의 97%가 유치원에 다녔고,

한국

일본

미국

영국

프랑스

독일

스웨덴

2014년 기준 유치원 운영비에서 부모 부담액이 차지하는 비중은 10% 수준이었으며, 2015년 기준 전체 유치원의 80%는 지자체에서 운영하는 공립유치원이었다.

유치원 배정 기간은 3~4개월이 초과되지 않도록 지자체는 유치원 등록을 희망하는 아동에게 유치원을 신속하게 배정해야 한다.

2. 유아교육 · 보육 기관

스웨덴의 영유아 대상 교육 · 보육정책은 「학교법」에 따라 진행되는데, 육아 관련 업무가 290개의 자치단체로 이양되어 지방자치단체가 육아지원 및 ECEC 관련 모든 책임을 전담한다.

스웨덴의 유아교육 · 보육기관은 1~5세 아동을 대상으로 하는 '유치원(푀르스콜라)'과 '개방 유치원(오픈 푀르스콜라)', 6세 아동을 대상으로 하는 '취학 전 학급(Pre-School Class)', 1~12세 아동을 대상으로 하는 '가정 탁아(Family Day Care)', 6~12세 아동을 대상으로 하는 '방과 후 학급(After School)'으로 구분된다.

[그림 7-10] 개방 유치원에서 신체활동 중인 스웨덴 교사와 부모-자녀

출처: EBS 다큐프라임-행복의 조건, 복지국가를 가다 4부 보육.

스투라블렌토르스보육원

[그림 7-11] 유치원에서 실외놀이 중인 스웨덴 유아들

출처: EBS 다큐프라임-행복의 조건, 복지국가를 가다 4부 보육.

1) 유치원(푀르스콜라, Förskola)

1~5세 아동이 다니는 푀르스콜라는 유아원과 유치원을 포괄한 개념의 기관으로 돌봄서비스를 제공하는 기관이며, 18개월 미만의 영아는 주로 가정에서 돌본다. 공휴일을 제외하고 연중무휴로 운영되며, 여름에 운영하지 않는 푀르스콜라가 있다면 지자체는 영유아가 인근에 있는 다른 기관을 이용하도록 조치해야 한다.

사전 등록제로 운영되고, 운영시간은 6:30~18:30이며, 부모의 일정에 따라 등원 시간 조정이 가능하다. 전일제와 시간제로 구분되며, 부모 부담을 최소화하기 위해 설정된 부모 부담 한도액(월 급여의 3%) 이외의 비용은 정부가 부담한다. 자녀 수에 따라 부모 부담 한도액은 하향 조정되어 넷째 자녀부터는 무상 제공되며, 최대 한도액 내에서 지자체가 부모 부담 한도액을 하향 조정할 수 있다.

한국

일본

미국

영국

프랑스

독일

스웨덴

2) 개방 유치원(오픈 푀르스콜라, Öppen Förskola)

1~5세 아동이 다니는 오픈 푀르스콜라는 육아휴직 등으로 가정에서 종일 자녀를 돌보는 부모들이 주로 이용한다. 1~2시간 이내의 짧은 시간 동안 머무는 경우가 대부분이며, 부모가 원하는 시간대에 이용 가능하도록 사전에 등록할 필요는 없다. 오픈 푀르스콜라에는 부모가 자녀와 함께 머물러야 하며, 비용은 무료이다. 유치원(푀르스콜라)과는 완전히 분리된 별도의 시설로 운영되고, 요일에 따라 오전 또는 오후에 운영되는 등 운영시간이 상이하며, 대개 1일 3~4시간 정도 운영된다. 부모가 홈페이지를 통해 운영시간을 확인할 수 있고, 가정에서 종일 자녀를 돌보는 부모들이 자녀 이외에 이웃들과 만날 수 있는 기회도 제공한다.

3) 취학 전 학급(Pre-school Class)

스웨덴은 7세부터 초등학교에 입학하는데, 초등학교 입학 직전 6세 아동은 취학 전 학급에 다닌다. 취학 전 학급은 아동의 학습능력을 개발하고 초등학교 교육과정에 적응하기 위한 준비 과정이다. 1998년 이후 지자체는 모든 6세 아동에게 무상으로 최소한 연간 525시간의 반일제 취학 전 학급을 제공할 의무가 있다.

4) 가정 탁아(Family Day Care/Pedagogical Care)

가정 탁아는 1~12세 아동을 가정에서 돌보는 유형으로, 가정보육교사가 자신의 자녀를 포함하여 5~6명의 아동에게 놀이, 휴식, 돌봄, 교육 등 서비스를 제공하는 것이 일반적이다. 유치원이 멀리 떨어져 있어 통학이 불편한 지역에서 주로 이용하며, 비용은 유치원(푀르스콜라) 규정에 따른다.

5) 방과 후 학교/여가활동센터(After School, Leisure-time Centre)

방과 후 학교와 여가활동센터는 6~12세 아동의 부모가 취업 또는 학업을 사유로 수업 전후에 자녀를 돌보지 못하는 경우 이용하며, 6~9세 아동은 주로 방과 후 학교(After School, Skolbarnsomsorg)를, 10~12세 아동은 주로 여가활동 센터(Leisure-time Centre, Fritidshem)를 이용한다. 실내외 활동이나 놀이, 휴식, 숙제 지도 기회를 제공한다.

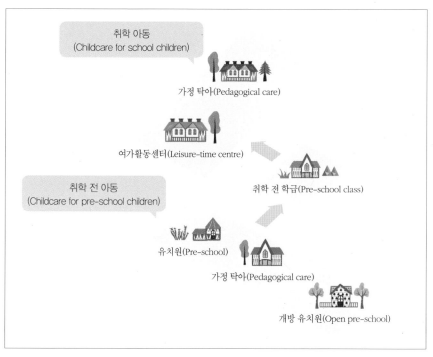

[그림 7-12] 스웨덴의 유아교육 · 보육 체계

출처: Swedish National Agency for Education(2015); 최윤경 외(2015)에서 재구성함.

〈표 7-6〉 스웨덴의 유아교육 · 보육기관 유형

기관		대상 연령	특징
취학 전 아동을 위한 보육	유치원 (pre-school)	만 1~5세	• 취업 또는 학업 중인 부부 이용 원칙 • 미취업 상태이거나 육아휴직 중인 경우 이용 가능 • 연중무휴 종일제 운영 • 평균 3학급으로 구성, 학급당 인원은 15~24명, 교직원 3명 배치
	가정 탁아 (pedagogical care)	만 1~12세	• 비형식적 기관, 2009년 Family Day Care에서 Pedagogical Care로 명칭 변경 • 가정보육교사가 가정에 방문하여 아동을 돌보는 경우(만 1~12세 이용 가능, 주로 만 1~5세 이용) • 가정 탁아 및 방과 후 센터는 부모가 취업 또는 학업 중인 경우에만 이용 가능
	개방 유치원 (open pre-school)	만 1~5세	• 전업주부를 위한 시설, 비형식적 기관 • 유치원(피르스콜라)에 다니지 않는 아동이 부모와 함께 이용하는 시간제 서비스 • 부모, 가정보육교사가 함께 방문하여 교재 이용 • 주로 만 3세 미만 아동 대상 • 학기 중에는 시간제 위주, 방학 중에는 전일제 위주로 운영
	취학 전 학급 (pre-school class)	만 6세	• 취학 직전 유아를 위한 기관으로 초등학교 내 위치 • 반일제+방과 후 보육으로 구성 • 이용률(99%)이 높아 준의무교육에 해당 • 연간 525시간 무상 제공
취학 아동을 위한 보육	여가활동 센터 (Leisure-time Centre)	만 6~12세	• 부모가 취업 또는 학업 중인 경우 이용 가능 • 학교에 다니지 않는 아동이나 휴일에 아동을 보육하고, 학교에 다니는 경우 다양한 경험을 제공하여 아동발달 지원 • 연중무휴, 시간제 서비스 제공
	가정 탁아 (pedagogical care)	만 1~12세	• 가정보육교사가 가정에 방문하여 아동을 돌보는 경우 • 가정 탁아 및 방과 후 센터는 부모가 취업 또는 학업 중인 경우에만 이용 가능

출처: 최윤경 외(2015).

3. 유아교육 · 보육 프로그램

스웨덴은 1996년 유아교육기관과 보육시설의 구분을 폐지하면서 유보통합을 실현하였고, 교육과학부의 책임하에 6세 미만 대상 기관은 유치원으로, 6세 대상 기관은 취학 전 학급으로 통합하여 운영한다.

스웨덴 ECEC 교육과정의 특징은 다음과 같다. 첫째, 아동이 사회참여와 변화의 원동력이라는 사회적 존재로서의 아동관을 교육과정에 적용한다. 둘째, 아동기를 아동의 호기심과 자발성, 아이다움이 중시되어야 하는 시기로 본다. 셋째, 지방분권화의 진행과 함께 지역적 특색과 요구에 따른 다양성의 수용으로 ECEC 유형뿐만 아니라 내용상 다양한 프로그램이 운영된다. 넷째, 스웨덴 ECEC의 목표는 개별 가정과 부모의 적극적인 참여와 협조에 의해서만 달성 가능하므로 유관 사회서비스 및 교육기관과 가정의 참여와 협조, 지역사회와의 연계성을 필수요건으로 한다(최윤경 외, 2015).

〈표 7-7〉 스웨덴 ECEC 교육과정 변화

연도	내용
1994	• 보건사회부에서 유아교육과 보육을 통합하여 책임
1996	• 교육과학부로의 이양 및 교육시설과 보육시설의 구분을 폐지하여 유보통합 • 6세 미만은 유치원, 6세는 취학 전 학급으로 통합하여 단일화
1996	• 국가수준의 유아교육과정 공포
2010	• 교육과정 개정으로 아동을 교육하고 발달을 돕는 '과정'에 초점을 두며 아동 개개인의 성과를 평가하지 않음
2011	• 학교법 개정을 통한 교육개혁으로 상급학교와의 연계 및 언어, 수 · 과학 중심의 교육력을 강화시킴

출처: 신동주(2015).

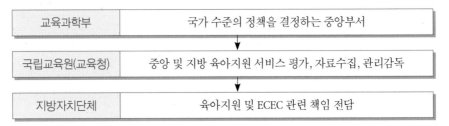

교육과학부	국가 수준의 정책을 결정하는 중앙부서
국립교육원(교육청)	중앙 및 지방 육아지원 서비스 평가, 자료수집, 관리감독
지방자치단체	육아지원 및 ECEC 관련 책임 전담

[그림 7-13] 스웨덴 ECEC 교육행정 체계

출처: http://www.government.se.

1) 양성평등 실현과 보육

⑴ 아침식사를 유치원에서 먹는 스웨덴 영유아

양성평등국가인 스웨덴은 부모의 균등한 노동시장 참여를 중요한 국가정책으로 제시하며, 맞벌이 가구를 지원할 수 있는 모형을 정책의 기본으로 한다. 부모의 근로시간을 고려하여 유치원을 6:30~18:30까지 운영하나, 개별 아동의 불필요한 장시간 유치원 이용은 허용되지 않는다. 부모가 종일제 근무를 하는 경우 주당 최대 40시간까지 이용 가능하며, 일찍 출근하는 부모를 위해 영유아에게 아침식사를 제공한다(백선정, 2016).

⑵ 스웨덴 영유아의 성평등 모델—말괄량이 삐삐(Pippi Longstocking)

스웨덴 보육에 있어서 양성평등의 의미는 여성의 실질적인 경제활동 참여를 지원하기 위한 목적뿐만 아니라 영유아로 하여금 평등의 가치를 내재화시키는 첫 기관으로서 유치원의 역할을 강조한다. 강하고 용감하고 도전적이며 성평등적인 아이로 키우는 것이 말괄량이 삐삐로 대표되는 스웨덴의 보육철학이다.

[그림 7-14] 성 중립적 단어를 사용하는 스웨덴 유치원

출처: EBS 지식채널e-유치원에서 생긴 일 '성평등 교육에 특화된 이갈리아(Egalia) 유치원'.

[그림 7-15] 성평등 교육을 위한 유치원 언어활동

출처: EBS 지식채널e-유치원에서 생긴 일 '성평등 교육에 특화된 이갈리아(Egalia) 유치원'.

[그림 7-16] 스웨덴의 성평등 모델인 말괄량이 삐삐

출처: 스웨덴 정부 홈페이지(http://sweden.se).

2) 자연친화·놀이중심 보육

스웨덴 보육의 주요한 특징 중 하나는 자연친화적 놀이중심 프로그램인데, 이 프로그램을 통해 아동은 숲에서 오감을 이용해 관찰하고, 이야기를 나누고, 궁금한 것을 탐색하면서 다양한 또래와의 상호작용 및 교사와의 상호작용을 경험한다. 이러한 과정에서 스스로 숲에 대한 의미를 구성하고, 자연 속에서 또래들과 어울려 노는 방법을 자연스럽게 습득하는 것이 놀이의 가장 큰 목적이다.

[그림 7-17] 전통적인 성역할에 대항하는
스웨덴 유치원

출처: EBS 지식채널e-유치원에서 생긴 일 '성
평등 교육에 특화된 이갈리아(Egalia) 유치원'.

[그림 7-18] 성평등적 놀이에 참여 중인
스웨덴 유아들

출처: EBS 지식채널e-유치원에서 생긴 일 '성
평등 교육에 특화된 이갈리아(Egalia) 유치원'.

[그림 7-19] 자연친화적 놀이중심 프로그램에 참여 중인 스웨덴 유아들

3) 부모 참여의 제도화

부모들은 유치원에서 주최하는 다양한 프로그램에 참여하는 것을 당연한
권리이자 의무로 인식하고, 부모가 매일 직접 등하원을 담당할 뿐만 아니라 정
기적으로 부모와 교사가 함께하는 티타임을 가진다. 또한 사전에 유치원에 양
해를 구한 후 자녀와 함께 일정시간 동안 유치원에서 진행되는 활동에 함께 참
여할 수도 있고, 유치원과 부모가 아동에 대해 끊임없이 상호 소통하는 구조를
가지고 있어 부모와 유치원은 서로 신뢰로운 관계를 형성한다(백선정, 2016).

입학 시 2주 동안 적응기간을 가지며, 이 기간 동안 부모는 자녀와 유치원에서 진행되는 활동에 함께 참여함으로써 자녀의 초기 적응이 원활하게 이루어지도록 돕는다. 그리고 입소하기 이전에 입소가 확정된 영유아 가정에 담임교사가 방문하여 부모 및 아동과 사전에 친밀감을 형성하는 프로그램이 제공된다.

아버지의 육아휴직 및 시간제 근무 이용이 활성화되면서 소위 '라떼파파'가 육아에 참여하는 일이 일상적이다. 아버지의 육아 참여가 일상적이므로 자녀 양육에 있어서 부모의 구분이 없다는 성평등 의식을 영유아기부터 자연스럽게 보고 배우게 된다.

4. 유아교육 · 보육 교사

스웨덴 ECEC 교사의 양성과정 및 자격기준은 〈표 7-8〉과 같다.

1) 교사 양성 과정 및 자격 체계

훈련된 교사의 양성이 교육의 질과 직결된 필수 요인이라는 인식하에 스웨덴에서는 1990년대 이후 유치원에 근무하는 대졸 교사 비율이 지속적으로 증가하였다. 유치원교사의 수급은 정부가 교사인명록(National Agency for Education teacher directory)을 통해 관리한다. 2011년 7월부터는 학교교사와 유치원교사를 대상으로 교사등록시스템이 도입되었고, 국립교육원이 교직자격 수여 및 관리를 담당한다.

EU 볼로냐 협약에 의해 유럽국가에서는 표준화된 교사 양성의 틀을 적용하고 있다. 스웨덴의 교사는 3년 6개월의 양성과정 이수 후 무시험검정으로 교사자격을 취득할 수 있고, 1년 동안의 교사인턴제도를 대신하여 임용 첫 해에 다양한 현직교육과 멘토링을 지원한다.

〈표 7-8〉 스웨덴 ECEC 교사 양성과정 및 자격기준

교사 유형	자격기준	양성과정	근무지
유아교사 (Preschool teacher)	학사 학위	• 3년 6개월(140주) 대학교육 이수 (실습 12주 포함)	• 유치원 • 개방 유치원 • 취학 전 학급 • 여가 활동 센터
보조교사 (Nursery nurses)	후기 중등 교육 (고졸)	• 고등학교에서 3년 간 아동과 레크리에 이션 프로그램 이수 (실습 15주 포함) • 또는 성인교육기관 에서 1년간 보조교 사 과정 이수	• 유치원 • 개방 유치원 • 취학 전 학급 및 가정 탁아 • 취학 전 영유아 대상 육아지원기관 • 주교사를 돕는 보조 역할 수행
가정보육교사 (Family day carers)	형식적 교육 자격 요건 없음	• 지방자치단체가 운 영하는 기관에서 90~100시간 훈련 과정 이수	• 가정 탁아 및 취학 전 학급 • 공립 가정보육교사: 지자체에 고용 되어 급여를 받고, 교사 관리·감독 을 받음 • 사립 가정보육교사: 지자체에 의해 인가를 받고, 관리·감독 또는 공 적 규제를 받지 않음
레크리에이션 교사/여가 활동 교사 (Free-time pedagogues)	학사 학위	• 3년 6개월(140주) 대학교육 이수 (실습 12주 포함)	• 여가 활동 센터 • 유치원(유아교사와 함께)

출처: 한유미 외(2005).

[그림 7-20] 스웨덴의 유아교사

출처: 한겨레21(2012. 7. 19.).

(1) 교사 양성기관 및 교육과정

대학에서 전문 학위과정인 취학 전 교육(preschool education)을 전공하면 유치원(푀르스콜라)교사가 될 수 있다. 유치원교사는 초등교사와 다른 교육과정을 이수하고 교육연한도 6개월 짧았으나, 2001년부터 유치원교사와 초등교사, 그리고 레크리에이션교사 등 모든 교사의 교육과정이 3년 6개월로 통합되면서, 모든 졸업생을 '교사'로 부른다. 새로운 교사교육에서는 교육과정을 공통과목, 선택과목, 심화과목 세 가지 영역으로 나누고, 유치원교사, 초등교사, 레크리에이션교사, 중등교사 등 기존의 8가지 교사자격을 하나로 통합하였다. 즉, 모든 유형의 교사는 교육학과에 입학하여 저학년에서는 공통적으로 기본과목을 이수하고, 고학년에서는 전공영역을 선택하여 이수한다.

공통과목 영역(60학점)은 교수법, 특수교육, 유아 및 청소년 발달 등으로 구성되며, 현장실습을 10학점 이상 이수해야 한다. 선택과목 영역(40학점)은 자신이 희망하는 교사유형을 전공하기 위해 필요한 영역으로, 대상 아동의 연령에 적합한 과목들로 구성되며, 10학점은 현장실습으로 이수해야 한다. 유치원교사와 초등 저학년 교사는 상당수의 선택과목을 공유하며, 심화과목(20학점)은 학생들이 이전에 취득한 지식을 심화·발전시키는 과목들로 구성되어 있다.

첫 번째 분야
모든 학생 대상
최소 1.5년
일반교육 분야
수강

두 번째 분야
전공 관련 과목
최소 1년
수강

세 번째 분야
전공 분야
보완 과목
최소 1학기
수강

[그림 7-21] 스웨덴의 교사 교육과정

(2) 교사 자격 체계

2013년 12월 1일부터 모든 교사가 전문교사자격증을 취득하도록 의무화하여 교사의 전문성을 강화시켜 교육의 질을 향상시키고자 하였다.

1수준 교사 자격증을 취득하기 위해서는 3~3년 6개월의 이수기간이 소요되는데, 이 경우 유치원, 취학 전 학급, 여가활동교사, 그리고 직업교육프로그램과 모국어프로그램 교사로 근무할 수 있고, 2수준 교사 자격증을 취득하기 위해서는 최소 4년의 이수기간이 소요되며, 의무교육학교의 고학년과 고등교육 교사로 근무할 수 있다. 그리고 특수교육에 대한 교사 자질을 중시하여 일반교육분야에서도 특수교육을 반드시 이수하도록 하고 있다.

[그림 7-22] 스웨덴의 유치원교사 자격 체계

(3) 교사 연수

유치원교사의 지속적인 자기 개발을 지원하기 위해 6주에서 1년 또는 그 이상의 기간 동안 추가적인 교육 기회를 제공한다. 공식적인 연수과정은 없으나,

한국

일본

미국

영국

프랑스

독일

스웨덴

지방자치단체에 따라 특별한 지원이 필요한 아동, 다문화교육, 교육행정 등의 내용으로 연수 기회를 제공한다. 의무사항은 아니나 교육에 참여하는 시간도 업무시간에 산입하고 임금 협상이나 승진에 반영하므로 적극적으로 참여한다. 국립교육원은 국가적 차원에서 학교장 교육과 교사 전문교육을 담당하고 있다. 유치원(푀르스콜라) 일반연수의 교육 분야는 다문화 및 다언어 사용, 과학 및 기술 분야, 특별한 지원이 필요한 아동에 대한 지원 분야, 양질의 기관 운영 및 평가 분야로 이루어진다. 원장 준비 과정은 사전에 기관장의 허가를 받은 후 교육 참여를 지원하며, 한 기관에서 2명 이상 신청 시 우선권을 부여한다. 세미나, 지필 및 구술 시험, 지필 및 구술 프레젠테이션, 수업 참여도 등의 요소로 평가한다.

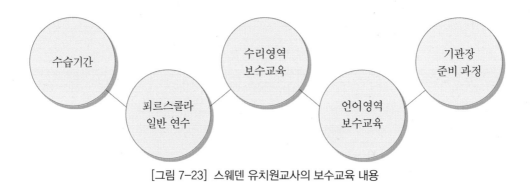

[그림 7-23] 스웨덴 유치원교사의 보수교육 내용

2) 교사의 근무환경 및 복지

(1) 근로시간 및 급여

유치원, 의무교육 학교와 고등교육 교직원의 근로시간은 주당 40시간(1일 8시간 중 오전 · 오후 각 15분의 휴식시간과 30분의 점심시간 포함)으로 매년 1,767시간 중 1,360시간 동안 주요업무를 수행하고, 407시간 동안 행정 · 공적 업무를 수행한다. 종일제 교직원에게는 연간 104시간의 업무개발 시간을 제공한다.

급여는 스웨덴 공립학교 자격증 소지 교사는 평균 32,426유로, 원장은 평균 46,513유로, 가정보육교사 20,150유로이며, 초임교사의 급여는 약 300만 원으로 급여는 기관장과의 협의로 결정한다. 유치원교사와 레크리에이션교사의 월급이 초등교사보다 낮은 편이며, 사회적 지위도 상대적으로 낮게 인식되어 있다.

(2) 교사 복지 및 권리

스웨덴 유아교육 · 보육기관에서는 아동의 인권뿐만 아니라 교사의 권리도 존중한다. 직업안전 및 건강위원회에서는 1987년부터 유치원(푀르스콜라) 및 레저타임센터에 근무하는 교사들에게 안전규정을 적용하여 병가 시 둘째 날부터는 급여의 90%를, 90일~1년까지는 급여의 80%를 지급한다.

기관에서의 역할분담은 유치원교사가 보조교사에 비해 교육과정 운영에 주도적으로 참여하나, 상호간에 수평적 협력관계를 유지하여 일과를 진행한다. 원장 부재 시 어떤 교사든 원장의 역할을 대신할 수 있다.

(3) 교사 배치 및 구성

유아교육 · 보육기관에서의 교사 대 아동비율은 영아 1:5, 유아 1:7로 학급당 아동 수가 20명을 넘지 않고, 종일제 유치원의 경우 1~4개 학급으로 구성된 경우가 일반적이다. 학급당 평균 아동 수는 15명이며, 전체 정원이 평균 42명 정도인 소규모 시설이 많다.

한국

일본

미국

영국

프랑스

독일

스웨덴

　　각 학급의 교사 배치 및 구성은 학급당 3명의 교사가 팀티칭을 하며, 유치원교사 2명과 보조교사 1명이 가장 일반적인 구성이고, 개방 유치원에서는 유아교사 1명과 보조교사 2명이 팀티칭을 하는 경우가 일반적이다. 종일제 유치원의 경우 시간제 교사 및 대체교사의 활용도가 높고, 연령별 집단으로 구성하기보다는 주로 혼합연령이나 장애통합의 형태로 구성한다(최윤경 외, 2015).

한국

일본

미국

영국

프랑스

독일

스웨덴

Epilogue

　스웨덴에서는 일·가정 양립이 가능한 실질적인 유아교육·보육 서비스를 제공하기 위해 일하는 부모에게 최대한 도움이 되는 방향으로 유아교육·보육 서비스를 제공하고 있다. 대부분의 유치원에서 아침식사를 제공하는 점은 맞벌이 부모를 위한 빈틈없는 보육을 실현하는 사례이다. 일·가정 양립 지원을 기반으로 한 스웨덴의 사회보장제도와 대조적으로 한국은 민간부분의 휴직제도와 탄력근무제 활용이 기대한 수준에 미치지 못하기 때문에 육아휴직과 탄력근무제를 중심으로 한 통합적 일·가정 양립정책이 요구된다. 스웨덴의 교직원은 어떻게 하면 아이들을 잘 돌볼 수 있을지에만 집중하면 되는 반면, 한국의 경우 과중한 업무로 인해 교사가 아이들을 돌보고 교육하는 데 소홀해지거나 근무시간이 늘어나는 악순환이 반복되고 있어 유아교육·보육에만 전념할 수 있는 여건 마련이 신속히 필요하다.

📖 참고문헌 ---

강경희, 전홍주(2013). 스웨덴, 영국, 프랑스, 핀란드, 한국의 양육지원정책 변화 분석:
　　　현금지원 정책, 보육시설서비스 정책, 조세혜택 정책을 중심으로. 유아교육학논집,
　　　17(6), 283-304.

경향신문(2018. 4. 9.). 스웨덴, 정권이 바뀌어도 육아정책만은 50년간 그대로.

권미경(2017). 유럽 국가의 보육정책 현황과 시사점. 한국경제연구원 KERI Insight, 16-36.

권정윤, 한유미(2005). 스웨덴 보육의 배경과 현황. 아동학회지, 26(2), 175-191.

류선정, 나승빈, 김봉선, 정수정, 김성현, 김은혜, 최세용, 문보현, 김숙이(2017). 세계
　　　최고의 교육법. 경기: 이마.

문무경(2006). 스웨덴의 육아정책: 유아교육과 보육, 학교교육의 통합을 중심으로. 서울: 육
　　　아정책개발센터.

백선정(2016). 스웨덴의 보육정책과 우리나라의 시사점. 경기도가족여성연구원 이슈분
　　　석, 61, 16-28.

신동주(2015). 노르딕국가의 ECEC제도 연구: 노르웨이, 핀란드, 스웨덴을 중심으로.
　　　유아교육학논집, 19(5), 73-99.

신필균(2011). 복지국가 스웨덴: 국민의 집으로 가는 길. 서울: 후마니타스.

육아정책연구소(2016). 2016년도 해외 육아정책 동향 정보 자료집. 서울: 육아정책연구소.

주스웨덴 대사관(2016). 스웨덴의 아동 양육정책.

중앙일보(2014. 12. 4.). 스웨덴 공주 남편도 육아휴직.

최윤경, 김윤환, 이혜민(2015). 스웨덴의 육아정책(Ⅱ): 교사정책을 중심으로. 서울: 육아
　　　정책연구소.

한겨레신문(2017. 10. 29.). '스칸디 대디'는 아이가 아프면 출근하지 않는다.

한겨레21(2012. 7. 19.). 스웨덴을 주목하라.

한유미, 오연주, 권정윤, 강기숙, 백석인(2005). 스웨덴의 아동보육제도. 서울: 학지사.

EBS 다큐프라임-행복의 조건, 복지국가를 가다 4부 보육.

　　https://www.youtube.com/watch?v=zypzWMP-Qx0

EBS 지식채널e-유치원에서 생긴 일 '성 평등 교육에 특화된 이갈리아(Egalia) 유치원'.

　　http://www.ebs.co.kr/tv/show?prodId=352&lectId=10744246

National Report of Sweden (1999).

Swedish National Agency for Education (2015). The Swedish Education System.

　　http://skolnet.skolverket.se/polopoly/utbsys-eng/

스웨덴 정부 홈페이지(http://sweden.se)

http://www.government.se

http://www.lararhogskolan_se

한국

일본

미국

영국

프랑스

독일

스웨덴

찾아보기

MEMO

MEMO

저자 소개

성미영 Sung Miyoung
서울대학교 대학원 아동학 박사
현 동덕여자대학교 아동학과 교수

최수연 Choi Sooyeon
동덕여자대학교 대학원 아동학전공 박사과정
현 구미대학교 사회복지학과 아동학전공 교수

석희숙 Seok Heesook
동덕여자대학교 대학원 아동학전공 박사과정 수료
현 구립 행당푸르지오어린이집 원장

최연지 Choi Yeonji
동덕여자대학교 대학원 아동학전공 박사과정 수료
현 동덕아동철학연구소 연구원

김혜주 Kim Hyeju
동덕여자대학교 대학원 아동학전공 박사과정
현 한성대학교 교육대학원 유아교육과 강사

노미나 Noh Mina
동덕여자대학교 대학원 아동학전공 박사과정
현 구립 금삼어린이집 원장

이서경 Lee Seokyeong
동덕여자대학교 대학원 아동학전공 석사

이한나 Lee Hanna
동덕여자대학교 대학원 아동학전공 석사과정 수료

비교유아교육론

Comparative Studies in Early Childhood Education

2019년 6월 20일 1판 1쇄 인쇄
2019년 6월 30일 1판 1쇄 발행

지은이 • 성미영 · 최수연 · 석희숙 · 최연지 · 김혜주 · 노미나
　　　　이서경 · 이한나

펴낸이 • 김진환

펴낸곳 • ㈜**학지사**

　　　　04031 서울특별시 마포구 양화로 15길 20 마인드월드빌딩

대표전화 • 02-330-5114　　팩스 • 02-324-2345

등록번호 • 제313-2006-000265호

홈페이지 • http://www.hakjisa.co.kr
페이스북 • https://www.facebook.com/hakjisa

ISBN 978-89-997-1882-3　93370

정가 19,000원

출판 · 교육 · 미디어기업 **학지사**

간호보건의학출판 **학지사메디컬** www.hakjisamd.co.kr
심리검사연구소 **인싸이트** www.inpsyt.co.kr
학술논문서비스 **뉴논문** www.newnonmun.com
원격교육연수원 **카운피아** www.counpia.com